# 小說

台籍日本兵張正光與我

# 目次

高俊宏絕對是台灣最重要的藝術家，沒想到我竟然在廢墟裡發現他。

——蔡明亮

閱讀高俊宏，像歷經一場身體的大爆炸。他既像一部認命的在軸承上來回穿梭的古董打字機，也同時飛越在東亞不同的時空。他讓被踐踏過、變成死寂的生靈、場所，一起發出怒聲，而且不斷迴盪在當下；他以倒退引我們進入未竟之地。

——吳瑪悧

當被壓迫者、弱勢者、失敗者們不再失語，自憐於鏡中之像的歷史哀怨面貌將無比燦爛。

——姚瑞中

高俊宏紮實而深刻的田野，以身體、經驗、足跡踏查那些被掩蔽的東亞近代反抗歷史，並以此拓展可能的文化、歷史對話的頻譜。他的思索細膩，筆調綿密，關注於共振、彼此能牽動的細微歷史精神狀態，使潛流中的「諸眾」以具體的事件、言語、行動顯影。作為身體行動方式之一，高俊宏以文字潛力召喚出重省這危機時代的力量。

——鄭慧華

高俊宏發明了一具安那其身體，以行走為方法，像一隻莫比斯環上爬行的螞蟻，在反覆穿梭東亞現代的長時過程中，一點一滴硬是將它們拼接了起來。

——龔卓軍

採訪張正光先生，2013

# 一具安那其身體，
# 穿越惡所……

龔卓軍

　　走進高俊宏的作品中。是的，我常常是走在他的作品中，走入他的作品計畫指向的惡所，走在那些世界邊緣，鐵籬後方，渺無人煙的路徑中。像做夢一般，穿過一片荒塚野墳，翻過畫著「禁入待拆」的鐵圍籬，走進一間無人的破屋，我打開電視，螢幕一片沙沙沙的雜訊，接收不到任何訊息。但是，盯著了無內容的螢幕，有一瞬間，我突然明瞭，那些沙沙的、黑白相間、互相滲入的雜訊，就是他要給我的訊息。轉眼間，這些沒有意義的影音又消失了。

　　然後，似乎像夢境那樣理所當然的，我跨入了塔可夫斯基（A. Tarkovsky）《鏡子》（*The Mirror*）一片的開頭，場景轉為黑白，我變成了一個羞澀、口吃嚴重的青少年，面對著一位女性催眠治療師，我呀呀呀地口吃著，講不出自己的名字和出生地。直到最後，這位女性催眠治療師，將我的能量流，由頭部引導到手部，再引流至腳部。她說：「你的能量不通，導致你的口吃，導通這些能量到你的手和腳之後，你會永遠

身口合一，講話再也不會口吃了。」於是，我感受到手部、腳部依次充血，突然充滿張力。她用手指按住，釋放了我阻塞在太陽穴的能量，讓這種常常讓我頭部緊張的能量，往下流通。最後，她要我大聲跟著她說：「我能說話了！」我漲紅著臉，大聲喊出：「我能說話了！」

　　我醒了。醒來後，發現臉頰上佈滿了淚痕。對醒著的我而言，高俊宏是一位艱難的藝術家。從榮格（C. G. Jung）的分析觀點來看，他如同一位意志堅定，但如水樣般身心通適溫柔的女性催眠治療師，而我，是那位口吃少年，常常因此誤事，被人疏遠，連自己名字和出生地都講不清楚的那種口吃者。對醒著的我而言，書寫著理論與評論文字的我，高俊宏仍然是一位深度叵測的藝術家，甚至，有時候很難用一般意義的「藝術家」來品評他。想過這個問題不少次，為何自己如此難以下筆，很有可能是背後這樣的原因：他其實在教我講話，而且，是透過一具不停穿越廢島荒徑的安那其身體，在教我。然而，望著高俊宏消失在無名小路的盡頭的背影，不行，我實在無法一一抵達那些到不了的地方。於是，我回到書桌前面，坐下來，開始書寫。

　　《小說：台籍日本兵張正光與我》（簡稱《小說》）中，佈滿了高俊宏安那其身體的行走路線。這條路線，走踏在帝國邊緣的惡性場所之間，虛實交替，讓這些無間迷宮串起成一張枉死城寨的地圖。張正光死了，卻宛如鬼魂，復活在這部小說裡，開始行走，走向那無人能夠抵達的死蔭山谷、暗黑海洋、監牢囚所、鄉野僻村。這位受命運捉弄，曾在二戰末期赴日受訓，擔任零式戰機副手機械員，在美軍炮火網羅中設法自救，讓自殺戰機墜海後，登上如地獄般的沖繩戰場收容所，不僅目睹鐵雨砲彈屠戮之廢島，還得到了特異功能，像游魂般出入戰俘死者、地獄囚船的魂魄夢境。之後，再經過二二八事件清鄉亡魂，香港雙十暴動冤魂、警總殺手香江追殺，終至回歸宜蘭季新村的養蝦事業。

《小說》的第一張地圖，由張正光 2013 年的死亡事件展開，敘說他 1929 年至 2013 年的離奇生命歷程。疊合在這張充滿無數亡魂城寨、早已人跡罕至的地圖上。同時，也接續著張正光遊走東亞地獄圖之上的，正是在 1980 年代中期成長、一直到 2014 年開始寫小說的高俊宏自己遊走東亞的生命地圖。既疊合又接續的兩張地圖，以惡性場所為交錯侵越的甬道：噶瑪蘭、東京、九州、沖繩、溪洲、香港、廈門。在無法串接，只能蒙太奇式地疊合起兩個特異生命的敘事興圖背後，其實藏著作者亟欲突顯的一個悲哀：被歷史所遺忘的鬼魂惡所，只能斷裂封存於那些叫不出名字的冤魂、從不曾被命名過的荒塚內裡。

　　面對這個悲哀的歷史斷裂，高俊宏發明了一具安那其身體，以行走為方法，像一隻莫比斯環上爬行的螞蟻，在反覆穿梭東亞現代的長時過程中，一點一滴硬是將它們拼接了起來。而我只是另外一隻跟在後面爬的小螞蟻，雖然因為速度太慢追不上，但是，對於這隻具有東亞安那其身體的莫比斯環型蟻，我很幸運在 2013 年策劃展覽《我們是否工作過量？》的過程中，跟著牠爬行了一段路。

　　那麼，為什麼對各位讀者來講，只是一隻莫比斯環型蟻的高俊宏，對我來講，會變身為塔可夫斯基《鏡子》片中的女性催眠治療師呢？我們不妨一同來看看高俊宏的工作方法，就會知道這隻螞蟻具有反覆施咒（或解咒），讓喑啞者重生，得以開始訴說自己的名字和生命的催眠療癒力量了。

　　首先是特定場所的行走。我們在 2013 年的前半年之間，一起出動了二十四次的廢墟踏查，進行了晶體影像的素描繪製。平均每個月四次，每次大約一個工作天，也就是共同在荒野無人之殘壁破瓦間，共度一天。後來我才意識到，這種接近徐四金（P. Süskind）小說《夏先生的故事》（*Die Geschichte Von Herrn Sommer*）的漫遊行走，其實是一樁卡夫卡

式的工程：自我生命摧毀重造的技術工程。這樁工事不僅工時長，而且沒有太明確的目的，雖說是為了展覽，但是對於身處學院、平常充滿上課與會議的我來說，無異是一種脫臼的時空，我趁著這種生命的脫垂狀態，鑽進一個巨大的生命裂縫，它儘管黑暗不知所終，卻透出一道我所不曾遇見的光，從黑暗中射出的光。

我們在小坪頂、樹林、海山煤礦、利豐煤礦、總爺、金山、蘭陽、飛雁新村八個地點之間來回穿梭，平均每個地點去四次，基本的工作，就是在這些廢營區、廢維修場、廢煤區、廢糖廠、廢樂園、廢通訊指揮部的廢屋殘壁雜木之間待上一整天，野炊共食，然後選一張與地點歷史相關的老照片，畫在幾乎不可能有人看到的大面廢牆上。這種特定場所的行走，以廢墟已湮滅無名的歷史、老照片的故往影像選擇為參照，聯結上感性身體的圖繪運動，介於紀念碑、文件檔案與見證之間，重新進行自力式的圖像生產。

腳底踏觸著廢墟地面，執炭筆的手塗抹啄觸著廢墟的壁面，行走停駐之間，無意之間踢到、碰到、摸到的殘餘碎件，目光所及，皆是陳界仁所稱的「殘響世界」。我在想，一個人的自我，若不走過一遭這遍佈歷史屍身的、被死亡之手深觸過的殘響之地，恐怕很難重新看待自己的「餘生」。也就是說，其實，高俊宏的工作方法，帶著我走向了一個非我之域，經過激烈的自我解組，我彷彿感覺自己剩餘下來的生命，已不再隸屬於從前的那個自我，它已碰觸了千千百百底層無名諸眾的歷史賤命，它的餘生，已難離此諸眾之苦。老實說，走過這一遭以後，我所產生的異樣存在感，直接透過安那其身體的塑造來告訴我：原來，我過去的生命，從來沒有跟那麼廣大的無名眾生共活過。

其次是影像擷取的倫理。對我來說，《小說》、《諸眾：東亞藝術佔領行動》（簡稱《諸眾》）、《陀螺：創作與讓生》（簡稱《陀螺》）三本書

之間的關係，反映了高俊宏在影像擷取方面的特異倫理態度。那是碰觸到濃得化不開的黑暗後，一種無限延伸的責任、無盡後退的自我與無可再退的面對深淵後，逼顯出來的泰然情動。簡單的說，如果《小說》是一部活動影像的敘事展示的話，《諸眾》即是在點明藝術家尋它千百度的「東亞諸眾」，在歷史的此刻當下，面臨的是怎麼樣的一種全球新自由主義政經結構的綁縛。

活動影像給出的是高張力的感覺團塊，《諸眾》的諸眾論則是指陳生命政治的網羅結構和行動方針。透過這個同時以實際踏查和聯結經驗，形成的東亞網羅結構及其破洞裂縫的描述，並以親身參與的立足點，提煉出以藝術觀點為廣闊視野的突穿行動，這其實並不是時下一下般主張「權利」與「權力」論的反叛者，而是徹底投入黑暗歷史泥淖中，讓自我解組，再將「責任」與「自由」放在第一優位的安那其身體的選擇。在選擇歷史影像的重新組裝過程中，高俊宏的敘事語調之所以能夠維持某種泰然的高度，又不時給予讀者在不忍卒讀的張正光破碎身世中，產生不得已的情動，實在是因為敘事者似已透過鬼魂腔調的迴返，扛起一種他不可能扛得起來的責任。

但他畢竟已做勢扛起。高俊宏以一種行走遍歷的方法，構造出這些歷史黯黑處的幽光。《諸眾》就是在闡述這種史賓諾莎式的倫理學，那不是苦行，而是為了內在平面的生靈充滿而自由選擇的倫理責任。這種影像擷取的倫理，首要的訴求並不是政治權力上的鬥爭，它少了一份目下過度興盛的肅殺躁動之氣，而代之以一種朝向他者、弱者、病者、死者的存在，而不斷自我解組的倫理技術。對我來說，這就是高俊宏2010年以來，《廢墟影像晶體計畫》的倫理意涵。實際上，它是一個「倫理——美學」的藝術滲透計畫，圍繞著早已成為幽靈的場所、地景與歷史影像，重新賦予生機。這就是蔡明亮的電影《郊遊》最後十四分鐘的

場景誕生的契機。或許我們都不懂得等待。高俊宏卻是一位深深懂得倫理即是無盡的等待、影像終將在藝術行動自尋出口的藝術家，他竭盡所能，祈請與召喚影像之魂，然後泰任等待它的意義自行浮現。

最後是安那其的身體。檔案熱（archive）與安那其身體（An-archist corps）具有一種自我技術學上的反向關係。高俊宏的創作，從早年學院虛無主義式的安那其身體，在《社會化無聊》系列中，進行純粹藝術反社會的躁動式反叛，漸漸轉向《家計畫》和《台北工作檔案考古學》，高俊宏感染了檔案熱的菌種，滋生著對歷史與當下社會的話語政濟結構的自我衍義式攻擊。最後，在《小巴巴羅薩行動》對台北花卉博覽會、文化局、華光社區都市更新與新自由主義的一連串自嘲式的逆襲，2012年展開的《湯姆生》、《廢墟影像晶體計畫》系列，安那其身體終於轉化蔓生為一具穿透檔案，並將之逆向安置於當下的考現學，既以此對抗天真的檔案熱紀念碑，轉向殖民帝國影像檔案背面的黑暗，亦迂迴伏擊當下新自由主義「學院—美術館—畫廊—展覽會」美學政體下的話語慣習，以行走東亞惡所，去除一般意義的「藝術家」語藝，去除一般作品的「作品化」路徑，構造出一具「非藝術家」的安那其身體。

曾經，高俊宏和我秘密籌劃著安那其空間與組織；曾經，多次的討論終結於不知所終的空間場所屬性。但畢竟，我們在身體行走的共同實踐歷程中，似乎早已編織出一張潦草混亂、外人難以卒睹的東亞安那其地圖。安那其身體的場所特性，不再只是安於賤命、做喝酒共同體的混蛋、到處去不明空間駐村，或者上街頭與底層市民站在一起，向新自由主義全球體制下的管理者丟石頭、潑漆與抗議。在那張外人讀不出所以然的草圖上，高俊宏的晶體影像事件，併合著他高速運轉的鍵盤書寫，成為一系列的「論述事件」，這兩種平行相照的事件所炸開的空間黑洞，才是屬於安那其身體真正行走運思的場所。這就是《陀螺》一書中，所

欲交錯呈現的「影像—論述」雙事件操作結構，以及其陀螺般藉域外之力鞭打而生的高速旋轉生命，所開展出來的另類生命政治與創作。

我必須承認，高俊宏這位溫柔如水的催眠治療師，辛辛苦苦，把我帶上了一幢巨大的爛尾樓，像《風櫃來的人》裡面的哥兒們，赫然發現一個居高臨下的巨大景框下，高雄愛河周邊來來去去的小螞蟻們，被我們當成來自歐洲的彩色電影那樣去觀看。我必須承認，有的時候，在暗黑無人的廢地角落裡，我不禁要自問這一切到底是為了什麼。

有一次去宜蘭空軍機堡踏查的路上，我們在暗黑一片的雪山隧道中，高俊宏講起了他的父親，一位聰穎反叛的建築工人，常常載著全家人在全省的工地廢墟中宿營，只為了不願愚忠臣服於旅館消費的旅遊空間政治的邏輯，「這些房屋是我們蓋起來的，為什麼要花錢住那種地方？」一把開山刀，一個指南針，自備的方便鍋碗瓢盆，一只相機，即足以四處為家。如此簡單有力的生命政治，高俊宏的父親卻用一種自怨自艾、憤世嫉俗過一生的態度，漸次葬送了自己的身體。我覺得，那只是因為，我們還沒有學會，如何觀賞那一部愛河眾生的彩色電影，愉快而充滿力量的看；我們還沒有學會，如何書寫與敘說賤命人眼下殘破不堪，其實仍是一片美麗的碎片山河。《陀螺》，其實是送給我們父親那一代的口吃者，送給父親——失語者。

於是，我打開扉頁，在大雨滂沱的夜裡，在溼答答到處滴水的荒野無人處，停下日間喧囂與憤怒的一切，點上一盞野營燈，開始閱讀我們這一代的發話者。高俊宏，讀他的創作生命。彷彿在無盡的黑暗洞窟深處，尋找著一絲絲的光。這光來自我們已適應黑暗的瞳孔自身，尋找著沒有出口，也不再需要虛幻出口的安置生命之所。我於是懂得，這是安那其身體在惡所鎮日行走後，僅有的恬美時刻。

《廢墟影像晶體計畫》，張正光畫像，2013

# 剔骨

林欣怡

約莫2013年底，我致電給高俊宏，電話中直接說明來意，我想拍攝記錄這位藝術家。啟動這場身體影像投影的節點有二：一為2013年藝術家在台南MIGA的一場名為「山跟鬼跟廢墟跟人──骯髒的藝術計畫」個人創作陳述；二為參與龔卓軍所主持的藝術家影像檔案建置計畫。前者為我對藝術家創作生命的關注起始，後者為影像做為關注方法的意外選擇。事實是，參與龔卓軍計畫時我選擇拍攝的對象不是高俊宏，卻在計畫結束後才對藝術家進行拍攝邀請。這些陳述無疑是某種腦內風景的追索，此追索讓我想起布希亞（J. Bandrillard）所言：「是被攝場景本身想要被拍，攝影者只是在這個的過程中，扮演一個臨時演員的角色。」

高俊宏在台南MIGA的分享，主要為藝術家「入山」與「踏墟」的過程始末。然而真正引起我注意的，是藝術家對自身長期積累創作模式的激烈拋擲、直決剔除。在一個個連續播放的個人創作投映片影像中，我的腦中亦浮現諸種提問，或者，欲言又止。高俊宏的剔除落點約在1998年，是年他於板橋進行了《再會，從此離去》的行動，此行動在

2004年出版的藝術紀錄小冊中如是陳述：「當藝術家選擇以其身不斷地投入了這個世界的同時，同樣地也被世界體系所抹消，抹消於『關於流亡』的贅述裡……於是，這般操作或許將我導向一個看似危險又欣悅的救贖裡——放棄自我。」我竊竊地認為，這件作品是其入山與踏墟的直接宣告，即便藝術家說，入山是身體治療的偶然轉口，而踏墟是轉口後的田野路徑。如果不是《再會，從此離去》這樣的生命節點與意識指向流亡，高俊宏是否仍會在多年後選擇進入荒山中進行一次次地抹消？這些抹消掏空了什麼？其所指的世界體系又是什麼？每一個離去即是每一個轉生的同時，藝術家何處離去如何轉生？便是這些欲言又止的諸種提問，迫使我進入那個布希亞口中臨時演員的角色中。與其說是這些提問讓我啟動鏡頭攝入高俊宏的身體場景，或者應該說是藝術家那些山跟鬼跟廢墟跟人的身體場景「想要被拍」。

　　想要被拍意味著那些總是被指認為背景的場景成為主體，背景成為影像自身，成為感知自身。或許是這些荒山墟地向高俊宏發出了震耳的邀請，藝術家將此邀請轉生為藝術行動，綻出的台灣諸種不可見的歷史碎片。這意味著，若不是高俊宏從此離去的自我抹消與剔骨行徑，也許藝術家就不會聽見荒山墟地的震耳邀請，我們也聽不見、看不見那些荒蕪中無名者的歷史回音。小說作為話語，諸眾作為體系，陀螺作為轉生，這些文本影像表述了「高俊宏」正是那個從未顯現的在場，藝術家正是那具裝盛諸場景的裂口身體，一個聯結場景的界限自身，一個使某物分離的獨特之線，一個察覺語未落定事件再起的敏感扣環，此扣環因藝術家的剔骨性格透過身體朝向世界，而我們循此扣環將其身體場景翻譯閱讀，閱讀歷史回音的震耳欲聾。

# 群島藝術三面鏡：
# 諸眾、小說與陀螺

今年我出版了《諸眾：東亞藝術佔領行動》、《小說：台籍日本兵張正光與我》、《陀螺：創作與讓生》三本書。《諸眾》是關於東亞藝術佔領案例的研究。「諸眾」（multitude）一詞來自於史賓諾莎（B. Spinoza），強調利維坦式的國家之外，個人的特異性如何對抗帝國主義。該書記錄了東京、沖繩、香港、首爾、濟州島、武漢及台灣等地創作案例，包含日本市村美佐子（Misako Ichimura）、韓國金江（Kim Kang）及金潤煥（Kim Youn-hoan）、武漢「我們家青年自治實驗室」、香港「活化廳」等。這些例子對東亞日益文創化、商品化的藝術發展趨勢有著逆向思考的意義。

《小說》則因緣於《廢墟影像晶體計畫》裡，住在五結鄉海邊簡陋平房的主人翁張正光老先生。張正光的生命可謂東亞近代史的哀傷縮影，2013年我赴宜蘭採訪他，十二天後身體硬朗的他卻忽然驟逝，給我極大的衝擊。我嘗試在《小說》敘述「兩個東亞」的故事：其一，張

正光生平經歷神風特攻隊、沖繩收容所、香港，一直到偷渡回台成為宜蘭斑節蝦大王的事跡；其次，以獨白的方式，描述我這幾年在日本、沖繩、香港及台灣進行藝術田野調查的過程，並回到自己所成長「回不去」的樹林博愛市場。本書陳述了上個世代被舊帝國主義「判死」、以及我這個世代被新自由主義「判生」的故事。

《陀螺》則蒐錄了近十年來藝術創作的書寫與檔案。十年前我曾出版一本《Bubble Love》創作集，今日再度集結近十年的創作文件，並命名為「陀螺」。為何是陀螺？就如傅柯（M. Foucault）在《主體解釋學》裡對「陀螺」的形容，一種錯覺般以自我為中心的旋轉物，只是這陀螺的旋轉，其實是來自無數外力的鞭打、策動。是一種「轉向自我的讓生體」。這顆陀螺像極了我。

對我而言，「做書」的勞動不下於任何粗工，若問過程中最難的是什麼，我以為是可讀性吧。「群島藝術三面鏡」的上市，無非是希望更多非藝術科班出身的讀者也能好讀一些。因此，這三本書在用詞上盡量平順，減少自己過去拗口用語的傾向。最後，要感謝協助成書過程背後支持的夥伴們，以及出版社的傑娣、文字評論者秉憲的建議與審校。當然，書中若有任何錯誤，我自然應負完全之責。

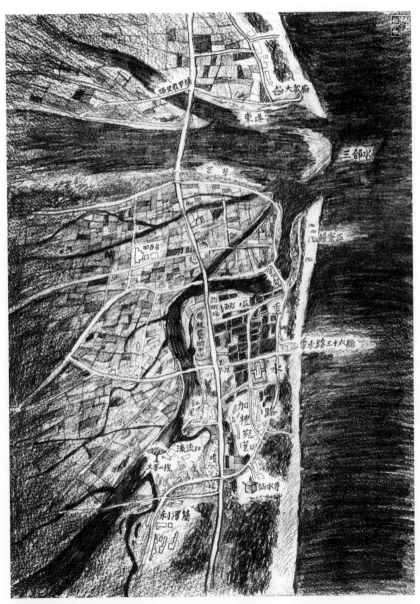

張正光故居所在區域手繪地圖

宜蘭縣五結鄉的季新村季水路三十六號

# 一瓶烈酒

經驗看似仍在繼續下跌，無有盡期。只消瀏覽一下報紙就表明經驗已跌至新的低谷／長篇小說在現代初期的興起是講故事走向衰微的先兆／講故事，很長時期內在勞工的環境中繁榮，如農事、海運和鎮邑的工作中／死亡是講故事的人能述說世間萬物的許可。

——班雅明

「死亡是講故事的人能述說世間萬物的許可。」這本書是因為一位老人的死亡而展開，文中混合著真實與虛構，具有報導文學、傳記的性質，但同時又具備小說的虛構、想像之故事性。原因是這位曾經以學徒兵身分參加二戰時期日軍自殺飛機攻擊的老人，去世得太過倉促，因此關於他的身世未解之謎，我遂以相關的時代背景進行虛構，以為填補。

2013年，因為進行《廢墟影像晶體計畫》的緣故，我前往宜蘭縣五結鄉的季新村，門牌號碼「季水路三十六號」採訪張正光老先生，過了十二天，八十三歲的他突然往生了。事後回想，是不是因為拜訪他的那

天，由於行前沒有好好準備「等路」，隨便在台二線的便利商店買一瓶二鍋頭烈酒當禮物，進門採訪以後才發現張正光老先生不喝酒。我記得他尷尬收下這個奇怪的禮物時，面有難色，嘴裡嘟噥了一句：「不知道要轉送給誰？」之後，我也不知道他是不是真的喝了那瓶烈酒，導致心臟病發身亡。

## 已死的活人

總之，我一直有一種怪異的愧疚及想像，關於他的死亡與我送的酒有沒有關係。記得以前有一個邏輯遊戲：「一個人因為作惡夢而驚嚇過度，心臟病發，試問可能嗎？」從各種角度來想，答案當然都是可能的，可是從「可否驗證」來說，答案卻又是不可能的：你未曾進入亡者生前最後一場夢中，又怎麼知道他是因為惡夢而去世的？誰能證明？獨居老人張正光心臟病發死亡，其原因已經不可考了。可是從我送他烈酒的時間點那麼近來看，這個疑慮在邏輯上是成立的。

「邏輯」困擾了我許久。在英國曼徹斯特駐村期間，我遇見泰德美術館的公共項目召集人馬可先生，他曾經在台灣看過我的《廢墟影像晶體計畫》，也做過一些研究，當他來曼徹斯特找我吃飯時，我將寫小說以及張正光的事情一一向他解釋，並且提到那瓶烈酒。馬可先生提出了一個全新的觀點，讓我暫時走出酒與死亡之間的邏輯困擾。他的醫生朋友告訴他，許多案例顯示，很多在世的老人事實上早就死了，只是他們在等待一件未完成的事，所以一直活著，一旦這件事情完成後，老人們很快就會走了。他覺得張正光或許是在等待我的採訪，將一生的故事說出來，完成任務後，就走回他早已是事實的死亡裡。馬可的父親曾經病了很久，但是在往生前一個禮拜卻散發出異常的體力、精力，開始交代

許多事情，一個禮拜之後忽然就走了。他說：「某些醫學案例顯示，人其實可以控制自己什麼時候死。」

雖然張正光還有「斑節蝦救國計畫」未完成，不至於為了要等待我的採訪而活著，但我仍然選擇相信馬可先生的講法。這也解釋了為什麼從來不曾寫過小說的我，居然因為他而動筆。我想，「相信」似乎支撐了所有邏輯世界裡面的矛盾、滑溜、無解，甚至殘破而令人生厭的東西，相信是我們之間僅有的橋梁。馬可先生的觀點讓我心裡好過許多。

這本「小說」大部份是2014年在英國曼徹斯特駐村時所寫，那時候我住在CFCCA藝術中心挑高的工作室，晚上睡在一間狹小的閣樓。張正光去過日本、沖繩、香港，巧合的是我這幾年所進行東亞藝術佔領行動，同樣也走遍上述各地。另外，張正光最後居住的地點是宜蘭海邊的季新村，長期以來，我又不知道為什麼特別喜愛宜蘭。因此這本小說決定以交叉敘述的方式，穿插張正光與自己的成長經歷。為此，我必須回憶過去，有時候會夢到死去的父親重新活過來，好像交代後事般說些話；有時候又會夢見小時候成長的博愛市場，那個經常被警察開罰單、黑道勒索的地方，我曾經在那裡搬過數以萬計的內衣、胸罩。

寫作過程經常夢中驚醒於閣樓。整整四十餘日在灰澀、寒冷的曼城工作室寫了近十萬字初稿。CFCCA的職員伊麗莎白說，從沒看過像我這種不出門的藝術家，事實上她不知道，我的靈魂每天穿越上萬公里回到台灣。

## 假小說

這是一本關於失憶的故事，又是一本不像小說的「小說」，為什麼寫？某方面出於對當代藝術的問題意識，我時常覺得，「當代藝術」已

經逐漸成了賺錢、炒地皮的技術。好像我們接樺了西方現代主義，一切不足以成為歷史的事物便移植成為「我們的歷史」。寫作、爬文，不過是希望在本土、本地經驗中挑出一條更為緩慢的路徑，在今日伴隨權力欲望共同成長的「當代性」之外，紮實地踏在街道、巷弄、山野與廢墟泥地上，在一字一句皆艱難的狀況下，面對藝術。

從視覺的觀點而言，這本「小說」是關於「消失視覺」之震撼，張正光看不見的死亡，促使我不斷回到季新村，同時也回到自己看不見的成長經驗中，探尋及摸索。換言之，我寧願稱這是一次視覺事件。這也許是一本假小說之名行藝術批判之實的小說，回想自己在接觸當代藝術的過程，隱約一段思想淨化的過程，過去是「不說故事」，現在則成為「故事不會說」。盧卡奇認為：「只有當我們與精神家園失去聯繫時，時間才能成為結構的因素。……我們幾乎可以說，小說的整個內在動作不過是抵抗時間威力的一場鬥爭。」若連故事都散佚，我們也會失去抗爭的能力。因此，關於這場小說的鬥爭，某方面來說關乎著底層述說，我是這場無盡述說中的失語者。

本書關於張正光的部分，是依據2013年老人生前接受筆者一個小時的採訪，以及2012年《聯合報》駐宜蘭記者簡榮輝對他的相關報導發展而來。如前所述，由於資料過度匱乏，而我又像被張正光「上了身」一般，有一股衝動將它寫出來，因此這部分夾雜了虛構的人物、事件與盡可能考據的時代背景。而文中的「我」，則是筆者個人實際的成長經歷。

張正光學徒兵時期的素描，2013

日本

季新村海邊

# 玉碎

從今天起，我將看不到媽媽妳的臉了，請再告訴我妳的臉長什麼樣子好嗎？我不會留下「遺物」，因為二十年、甚至幾十年後，當妳一看到我的「遺物」就會哭。媽媽，我離開群山的那一天，會飛過我們的家鄉，這算是向妳的告別。

——神風特攻隊第五神劍隊，茂木三郎少尉遺書

張正光生於昭和四年彰化縣的田尾鄉，卒於民國102年宜蘭縣五結鄉的季新村。那天，季新村沐浴在夏日早霞中，天空異常晴朗，他拉開鐵門走出家門，準備如往常一樣前往不遠的海邊散步，忽然間他感到心臟一陣絞痛。那種深沉的痛感跟前陣子似乎不太一樣，好像更嚴重了些。忽然間，絞痛轉為劇烈無比的錐心之痛，他本能地用手搗住左胸，瞬間眼前一片黑暗，伴隨一些轉瞬眼逝的星光，他倒下了。

沒有人知道他確實為何而死，也許因為前晚看了第四台的HBO恐怖片，或者因為喝酒而心肌梗塞吧。無論如何，在宜蘭縣五結鄉季水路三十六號門口倒下去那一刻，張正光發現自己竟然成為一股幽靈飄在空中，俯看著海巡隊的弟兄對他急救，也瞥見隔壁牛舌餅工廠的鄰居阿粉搗著嘴巴，一臉不可置信的樣子。接著，在很短的時間裡，他看到自己

的遺體被抬到救護車裡，車旁還用丹豔的紅色標示著「加禮宛仙水寺捐贈」，看起來有點突兀，好像自己的遺體變成禮物一樣，被塞進救護車，以仙水寺的名義送往天國一樣。救護車沿著季水路一路狂飆，準備前往新蓋好的羅東「壽園」殯儀館。

畫面解說了一切，憂鬱的他終於意識到自己死了。

張正光飄盪在一股空冥之中，看著自己的遺體被推往號稱節能省碳新工法裝潢的「壽園」停柩室。明亮的停柩室正中央坐鎮著一尊地藏王菩薩，也就是傳說中的布拉哈瑪，神像用如季新村湛藍天空般的眼神射向他，張正光不禁打了個冷顫，那一刻，回憶潮水般淹沒了他。

# 大阪

故事從離開大阪的那一年說起。昭和二十年，十七歲的張正光正在市區北方的大阪島の工業高校就讀。忽然有一天，他和許多同學被學校的老師送入神風特攻隊當學徒兵。一切都發生得太快了，連他自己也不知道怎麼回事。在昭和二十年間，不管報紙、廣播每天如何放送大日本帝國皇軍捷報的消息，他們這些還未成年的小毛頭早就已經感覺到，帝國恰恰反過來正處於崩潰的邊緣，怎麼會愈來愈多遠方的捷報，生活周遭卻愈來愈像廢墟，每個城市都陷入一片毀滅、死亡的場景。

那年二月，剛從東京轉學過來的鈴木同學，曾經描述過東京大轟炸的恐怖景象。他說，美國人的飛機是在夜晚的時候高空飛行進入東京，數量之多連市區的防空警衛員都傻了，忘了拉警報。飛機低沉的引擎聲，正像是對東京的芸芸眾生宣告著，帝國嚴密的天空已經被硬生生敲開來了。不久以後，市區、街道上到處噴發火舌，高度足足有三層樓以上。那時候東京人才猛然發現，美國人丟的不是炸彈，而是M69燒夷

彈。比起一般的炸彈，那簡直是惡魔。鈴木說，他親眼看到一顆燒夷彈在他頭頂落下，著地前忽然彈體「啪」的一聲炸開，隨後三、四十根小型著火的炸藥從裂開的燒夷彈射出，其中一顆削過他的眼前，伴隨尖銳如割玻璃般的聲音，劃過長空飛往遠方的工廠，瞬間著火。那一夜，東京像一塊被岩漿吞噬的城市般，鈴木有許多同學、親人並不是被燒死，而是在火場裡窒息而死的。

「整個東京變成紅色的，可是那不是普通的紅色，實在很難形容。那時候我想，這是真的嗎？說不定我已經死了……紅色裡面有一種很難聽到的尖銳聲音，那是人在窒息之前發出的聲音，就像鬼在哭的聲音。」鈴木說。

張正光想到自己被宣告加入自殺攻擊機組的瞬間，同樣也產生了一種窒息感。所謂「神風特攻隊」，其實是日本帝國意識到自己即將戰敗之前，所組織的各種「特別攻擊隊」之一，這些自殺式攻擊的原則是「一人、一機、一彈換一艦」。不僅海軍有神風特攻隊，陸軍也曾組織「萬朵」、「富岳」特別攻擊隊，其所乘駕的飛機多半是由九九式轟炸機改裝而成，同樣進行這種瘋狂的自殺攻擊。

那段時間，帝國已經將所有可以派上戰場的年輕肉體通通徵調上前線了，包含不受信任的台灣、朝鮮等殖民地的年輕人。因此，身強體壯、懂得基本機械原理的張正光被選為神風特攻隊學徒兵也不是太奇怪的事情。老師說，他將被派往九州大分縣的宇佐海軍航空隊。剛開始老師還支支吾吾的，只說是要去宇佐修理飛機。過去他曾聽說有一群跟他年紀差不多的台灣少年郎，已經在神奈川的高座市那邊製造飛機，做的還是比「零式」更為先進的「雷電」戰機，好像日子過得挺風光的，如果是這樣，那麼去九州修飛機應該也還過得去。但是當海軍部的人隔天進教室，告訴這些綿羊般懵懂的少年人，到九州是要加入神風特攻隊為天皇

效忠時，話語既出，就像一顆燒夷彈劃過教室，大家因之瞬間窒息而無法呼吸。

「鈴木同學，你有帶錢嗎？」赴死之前，他對鈴木問了一個自己也感到莫名其妙的問題。

## 總玉碎

在自殺攻擊成為整個帝國的救命仙丹之前，宇佐海軍航空隊主要工作是進行爆擊機、攻擊機成員的訓練。太平洋戰爭後期，由於適合做為南進據點，宇佐機場理所當然成為神風特攻隊的基地。張正光被拉到這裡當學徒兵，心中是極為複雜的。從小在帝國教育下，他知道他的身體就是屬於天皇的，一旦天皇受到威脅時，如他這般億萬個「小身體」必須挺身而出，做必要的犧牲。但是作為一個人，特別是台灣人，就這樣要丟掉自己的性命為不是那麼親近的「現人神」天皇犧牲，心中總是不甘心的。

話說神風特攻隊，來自於昭和十九年菲律賓萊特灣戰役之中。那時候，最後僅存的聯合艦隊主力遭到美國徹底擊潰，多數沉沒在湛藍的菲律賓深海，連像山一般巨大，號稱代表天皇的超級巨艦「武藏號」，也在錫布延海被擊沉。陸地上，絕望的第一航空隊指揮官大西瀧治郎面對數十倍之多的美國飛機，第一次運用了特別攻擊隊的戰術，以自殺飛機撞擊敵人的軍艦，結果成績出乎意料之好，引起軍方高層的興趣。隨著戰局逐漸惡化，同時面對美國力量不可思議地日益漲大，日本倚賴各種特別攻擊隊的情況也日益加深。這種物質力量之懸殊，在萊特灣戰役中，駐守菲律賓的航空二十中隊隊長的村岡英夫回憶錄記載道：

我真的無法描述我當時絕望的心情，我手中只有十五個合格的飛行員和三十架飛機，也許其中只有三分之二的飛機可堪使用，而美國的飛機是我們的十倍，雙方其他裝備的差距更大。在一次偶然的偵察飛行中，我數了數某一海域中敵我交戰雙方的艦船數量：那裡有十艘日本船，而美軍呢，當我數到三百時，我決定放棄了。

　　除此之外，軍方高層充滿樂趣的研發各式各樣異想天開的自殺攻擊方式，簡直已經臻化到了高度藝術性的程度。例如有一種東西叫做「回天」，1943年由海軍研發出來。「回天」是單人操作的「有方向盤的魚雷」，也就是把一艘迷你潛水艇裡面填滿炸藥。它裝載了1550公斤的烈性炸藥，比一般常規的海軍魚雷還要重三倍。後期的「回天」更進一步取消逃生系統的設計，並安裝自我爆炸裝置，讓成員更加沒有生還的機會。據說昭和二十年在台灣屏東的大潭（今日的大鵬灣）也有一些「回天」等待著最後出擊。還有一種更奇怪的東西叫做「櫻花彈」，隸屬於「神雷特工隊」。簡單來說就是一顆飛在天空的「回天」。「櫻花彈」裝載在大型飛機下方的機腹，由飛行員駕駛衝向敵艦，可是「櫻花彈」跟以飛機作為自殺攻擊的特攻隊畢竟不同，因為它取消了起落架的設計，使得駕駛員在脫離母機的那一瞬間便注定百分之百死亡。張正光甚至還聽說在萊特灣戰役裡，有一群來自台灣高砂族組成的「薰」空挺隊，以空降的方式混入菲律賓充斥螞蟥、毒蛇的叢林裡，對美國鬼進行自殺攻擊。

　　戰爭後期，特別是沖繩戰役以失敗收場後，關於「一億總玉碎」集體犧牲的謠言已經開始流傳在民間。軍方要所有平民學習櫻花，為天皇綻放、粉碎。據說日本本土組織了兩三百萬的軍隊，同時編組了近三千萬老弱婦孺的「民兵」，手握削尖的竹管，準備投入自殺攻擊。

# 南國

　　美國愈來愈像一隻迴游於太平洋的史前巨獸，時刻準備吞滅日本。太平洋戰爭進行到這個階段，無論本土或殖民地的人們，幾乎都陷入無盡的絕望及失落中。越是如此，張正光愈加想念他的故鄉台灣。坐在往九州的火車上，沿經姬路、岡山、廣島……窗外風景不斷地閃逝。火車奮力邁進，好像在奔赴一場毫不重要的聚會一樣，使得窗外風景忽然變得無感。當初前往大阪島の工業高校的豪情壯志，通通成為邯鄲一夢。唯一逐漸浮上他腦海的，竟是故鄉彰化田尾一帶的街道、卡桑、讀公校時暗戀的女同學林水軟。一幕一幕回憶如同靜謐的湖面，但是當他試圖進一步追索的時候，這些畫面又像魚一般鑽向湖的深處，一下子就在他腦海裡灰飛煙滅……。

　　火車通過廣島，繼續以憤怒般的速度沿著瀨戶內海奔向九州。車廂中，那些焦躁不安人們的呼吸、汗酸味，混雜著火車燃燒的焦煤、廣島田野的味道，使他隱約產生了一種關於氣味的記憶。印象中，台灣總有一種「南國」的燥熱氣息，有著各式各樣關於熱帶的想像。浸泡在梅雨季節裡，潮濕、腐爛的平原，散發著稻米、香蕉、芒果、芭樂的味道……帝國，什麼是帝國？每當想起這所有人都無法拒絕的字眼時，他總是有一股衝動想哭，特別是對於一位十七歲的少年而言。可是當整個帝國準備集體犧牲的時候，人們的眼淚是被禁止的。這種禁錮的情緒，讓他更深楚地思念故鄉，而所有的思念，都成為拒絕的同義詞。

# 野宿者

長年走在山中部落，已安於大自然的不回應。

——舞鶴

我會來到寒冷的北國，前往東京代代木公園採訪市村美佐子，自己
也說不太清楚是什麼原因。可能是長期自決於某種狀態所致吧，但這不
是說我完全拒絕過正常人的生活，而是虛妄地想要為自己開創一個（哪
怕是一小塊）不被任何力量所收編的空間。因而大體上來說，一般人、
甚至一般「藝術家」的思維邏輯已經遠遠無法滿足我了，我必須尋找更
為徹底、激烈的另外一群人，與他們為伴。

## 高尚的流浪漢

為什麼要到代代木公園採訪市村美佐子？是不是有一種東西不是單
憑藉著我有限的人生經驗、生存法則所能夠想像，以至於我必須認真、
積極地思考「失根」這件事情。如同沈懷一唱過：「高尚的流浪漢是不
應該有情緒的」一樣，市村美佐子讓我理解，失根不單單是我們講的流
離失所，而是用另一種困難卻相對清醒的方式活著。

上野車站外的野宿者

我到代代木公園也許是在進行一種對自己的批判，但是，市村美佐子帶給我的衝擊卻更多。不僅僅是對於藝術「自律性」的種種省思（這種「自律性」的話語拷問在台灣藝術學院的環境可不陌生），還更在於她和小川哲生住在野宿者帳篷族多年的怪異行徑，除了令人感到莫名敬佩之外，他們走向公園的行動，正是以單薄的肉身為我指出了一幅末日景象：資本主義在東亞。

　　我恨資本主義嗎？我能不恨資本主義嗎？

　　我那嚴厲的父親在臨終前，不斷地重複他一生不知道已經說過多少次的告誡：「不要當藝術家！」在這種穿越一生的言詞恫嚇中，我都不曉得這些年是怎麼反叛過來的，矇騙終其一生為資本主義所苦的父親，或者讓我說得更清楚一點，是為身處資本主義裡低下階級而長期抑鬱的父親。

　　父親來自台東縣大武鄉深山裡一個叫西勢湖的地方，這是一個正港的窮鄉僻壤，土質貧瘠到只能種鳳梨。小時候他常用台語形容過去住在大武鄉的「塞夕噢」，由於這個發音很奇怪，害我一直以為那是門牌「三四五」的台語，也一直以為他講的是一個台東深山裡的住址號碼。直到某一年掃墓，父親帶我前往他記憶中的老家，我才知道原來西勢湖是一種類似於奮起湖的「地形湖」命名。由於多年無人居住，老家已經被森林覆蓋住，成為一片荒煙蔓草了。父親在十多歲坐火車北上，第一份工作就是最後一份工作：水泥工。我遠遠不知道他是怎樣活過來的，有記憶以來父親就是一位非常聰明、有才華的水泥、板模工，他終其一生幽怨的事情，就是無法脫離水泥、板模工這個身分。

　　如果你問我會恨資本主義嗎？其實我最恨的是自己連「恨」都沒有辦法。當億萬人用貨幣過生活、選擇信仰單一的價值體系時，除非住在深山或沙漠，否則我們毫無選擇地必須採取同樣的生活方式。可是另一

方面，就像從自己父親身上看到的，他就是被資本主義創造出來的「階級」所毀滅掉的人，一個有才華的活人。在他的眼裡，水泥工簡直是一種跟奴隸一樣的工作。

回到東京，代代木公園一直是日本現代性發展模式及國家力量展現的場所，這個地方恰恰好是二戰時期日本陸軍的練兵場，五十年後的今天，又再度成為2020年東京奧運競技場設置的場址之一。奧運對於生活在公園的市村美佐子以及其他數十位野宿者而言是一件嚴峻的挑戰，東京都政府一直想方設法要「處理」這些人。其中一個辦法就是將野宿者送進臨時收容所，為他們安排一些粗重的工作，例如建築工、鐵路工、橋梁工。可是大多數的野宿者對收容所的生活不感興趣，因為一旦被「收容」，那意味著連最基本的自由都沒有了。外人看來野宿者好像都在逃避社會規範，但深入瞭解便知道他們心中更希望能夠有一塊獨立的生活天地。往往我們會說野宿者是社會邊緣者，可是說不定有時候他們只是希望成為自己小小宇宙的中心而已吧。

「其實我以前也是住在公寓裡面，並不是一開始就住在這邊，大學時代我是學藝術創作的，過去曾經被灌輸的教育，就是透過自己的創作、透過自己的畫作賺錢，提升自己的生活品質，追求更好的生活。直到有一天我突然覺得很討厭這樣，再怎麼畫畫也賺不了錢，沒有辦法再認同這樣子的生活方式。然後有一天，走在路上就遇到了這樣的村落，我恍然大悟，或許這樣的生活有更多可能性。」市村說。

## 一輩子露營

2012年第一次到代代木公園時已經是十二月了，氣溫大約二到三度左右，公園裡面的山毛櫸開始轉成亮艷的紅色。在野宿者的藍色帳篷

族那裡，由於周邊長著高聳的山毛櫸樹、樟樹，夏天時候陽光就已經照不太下來了，十二月來到代代木，更令人感到寒冷及蕭瑟。甚至你會覺得，在這種鼻涕一流出來就變冰的天氣下，公園唯一的動物就只剩下這些野宿者。因為太冷了，小川哲生說，有時候連公園裡的蛇都會爬進帳篷底部冬眠，其中有一種毒蛇叫日本蝮蛇，經常咬傷野宿者。日本蝮蛇外觀與龜殼花長得很像，台灣龜殼花、阿里山龜殼花和池菊氏龜殼花也都屬於蝮蛇科。蝮蛇是蛇類裡最進化的種類，它的頭部具有紅外線感應的夾窩（窩器，pit），能夠偵測小型哺乳類的方位、距離，並有「彈出式」的毒牙，因此一旦決定出手攻擊對方，命中率往往極高。有時候野宿者會以為這些日本蝮蛇是東京都政府派遣的，因為一旦被咬傷必得送醫院，可是一般野宿者並沒有身分證，一旦進入醫院就無法出院，往往直接強制送往收容中心。

「那你們冬天怎麼洗澡？」我有點不好意思地問小川。

「不洗啊！」小川爽朗地說，我想也許東京比較乾燥一點。

當然公園其他的生活條件也好不到哪裡去，基本上市村和小川就是在進行一件「一輩子露營」的驚人計畫。市村說，在東京這樣高度資本化、階層化的社會裡面，恰好只有在公園、街道上她才有辦法活下去。而且她認為要討論所謂的公共性，必須先從公園、街道上的使用權談起。我在初聽這些話的時候，有點像一個剛被拳擊手重擊，下巴脫了臼的人，久久沒法闔嘴。這樣的藝術實踐，完全超出我的知識星座以外。在以前的理解中，藝術世界仍然存在著固定、森嚴的內在體系，可是對於從東京藝術大學研究所畢業，同樣是藝術科系出身的市村來說，資本主義下面的生命政治系統、階級問題才是她的創作核心。換句話說，傳統的藝術「再現」問題已經在她的生命政治螺旋結構中被拋在遠方，她的「一輩子露營」就是一件作品。

我對東京的印象，有一部分是關於市村帶我走路的回憶，她像一陣意志頑強的怪風，鬼魅般地颳過東京街頭。有一天，寒風中市村帶我前往帳篷族旁邊一百公尺處一個大型籠子參觀，籠子約莫半個貨櫃箱大，外形長得就像立體迷宮玩具一樣，裡面有幾坨黑色的東西蠕動。走近一看，赫然發現竟然是烏鴉。在東京看到烏鴉一點也不稀奇，我還聽說日本人將烏鴉視為吉祥物，可是想不到，東京都政府居然在公園內煞費苦心地設置了捕烏鴉的機器，它的原理和一般捕鼠、捕魚的籠子差不多。我曾經在台北市的環河南路五金材料街看過專門給大飯店廚房用的捕貓籠，可是這麼大型的捕烏鴉器倒是人生第一次看到。

　　看到這些捕烏鴉機器，不免讓人想到公園裡野宿者的現實處境，他們宛如活在東京這個巨大的陷阱中。

# 鬼在哭

如果今生不能再見面的話，無論如何要化成白蝴蝶飛回家，讓媽媽
見最後一次面。

——傳聞之台灣神風特攻隊代號「白蝴蝶」

火車終於到了宇佐，這是一個九州的大分縣的小城，日豐本線穿越
了這個可愛的平原城鎮，小城向北通往扼九州下關海峽的小倉市、往南
則可以到達著名的鹿兒島市。這裡有著吹撫起來皮膚感覺接近台灣的黏
膩海風，也有著九州才有的熱情、豪放、謙卑且認命的居民。

## 八幡大菩薩

宇佐在宗教信仰界還有一個重要的地位，那就是遍佈帝國四萬四千
多個地點的八幡宮，其總本宮宇佐神社就在市區的南方。關於八幡大菩
薩的事蹟，張正光在大阪求學期間已略有耳聞，聽說是日本神道教八百
萬神祇的合體，又是保護天皇皇室的守護神，因此古時候的武士都信奉
八幡大菩薩。這些零零碎碎的神話，不知道為什麼卻成為實際支撐起人
們的精神力量。據說變化萬千的八幡神會在武士出征前一夜，沿著鋒利

金王八幡大菩薩，澀谷

的刀刃，悄悄地爬上他們的刀劍身裡，隱遁在鋼鐵內裡，成為刀之眼、刃之魂。在大阪聽到八幡大菩薩的故事後，張正光才理解，為什麼以前台灣街道上看到軍人出征前的場景中，好像都會有許多「南無八幡大菩薩」的布旗隨伺兩側、隨風飄揚。

「可是萬一美國也拜八幡大菩薩，祂會幫誰？」他想起了一些自己也感到很蠢的問題。

帝國崩潰前，八幡大菩薩已然成為日本神風特攻隊的保護神。此外，據說菩薩也是一千七百年前的古墳時代，有戰神之稱的應神天皇之化身，另外又聽說是弓箭之神的化身。祂的化身之多，恐怕連一般的日本人都搞不清楚，但祂卻早已被視為護國護民的神祇。在一本專門記錄歷代天皇行為與品性的《續本日記》（類似中國的《資治通鑑》）裡，曾經提到應神天皇長有尾巴。對於這位引入漢字、善於作戰的日本天皇而言，被形容為長尾巴簡直有點滑稽且不可思議，可是作為戰神的應神天皇，也許尾巴象徵了人獸合體的形象，也代表了野蠻、強壯的意味。難怪不僅僅是武士階級，甚至連出海打劫的海盜也供奉八幡神。

太平洋戰爭末期，帝國已經意識到美國即將攻打台灣島或者沖繩島兩者之一，急於在各地成立特別攻擊隊，這些特別攻擊隊像是戰爭產出的畸形兒一樣。九州處於日本本土望南的島嶼，自然成為各種畸形戰爭機器的基地。昭和20年3月1日，宇佐海軍航空隊全面改為專門訓練神風特攻隊的基地，並成立了一支以八幡大菩薩為名的「八幡皇護隊」自殺機群，總共由九支小隊組成，每小隊有十到三十架飛機不等，都不是主力的一式陸上攻擊機，而是老舊的彗星一二型特攻機，而且駕駛飛機的人幾乎都是新手。張正光作為一個南方殖民地來的小孩，根本連飛機的方向盤都不能摸，他是因為機械方面的專長，以學徒兵的身分被挑進機隊，起飛的時候也只能擔任機長後方的副駕駛員。這個他被納編的

「八幡皇護隊」第三小隊總共有二十四架飛機，機上一切不必要的東西都拆得差不多了，挪出來的空間則準備拿來塞滿炸藥。

昭和18年萊特灣戰役之後，由於美國船隊飽受神風特攻隊幽靈般的干擾，艦隊逐漸感到精神上沉重的壓力，因此不斷地向日本「絕對國防圈」範圍內的機場施以轟炸，可愛小城市宇佐當然也不能倖免。那時候，機場就位於驛館川旁邊，鐵路日豐本線南方的田野，由於目標顯著，易遭轟炸，航空隊指揮官決定將所有飛機移往附近城市的街道、公園裡躲藏，並且不定時移動，以迷惑敵軍。這種苦差事，殖民地少年張正光當然逃不過。一般而言，推一架飛機需要數十人方能共同完成，宇佐飛行場駐紮了數百架飛機，當接到往郊區疏散的指令時，那種景象就像上萬隻螞蟻推著許多蜻蜓屍體一樣，居然有一種滑稽感。美軍飛行員也逐漸摸索出門道，他們會緊抓飛機移動的難得時刻，盡情地投彈、並施以機槍掃射。一星期總是有一、兩次這種危險時刻吧，每當此時，張正光和他的同僚反而會莫名地亢奮起來，因為美軍的炸彈經常會失去準頭，掉到機場北方的瀨戶內海，並將海裡的魚給炸上天，就像上天賜與的魚肉罐頭。戰爭時期，大家的伙食都差到不行，這種轟炸在苦悶的歲月中，為人們帶來一些既危險又愉悅的感覺。

## 御前酒

局勢的快速演變，完全超越他們這些小孩子緩慢的成長。昭和20年4月6日，天剛翻出魚肚白，機場宿舍忽然像著火般騷動起來。慌忙之中，他看著隔壁棟「八幡皇護隊」第一小隊的隊員已經緊張地跑到飛行場集合。指揮官站在操場上向大家宣佈重大消息：早在三天前，美國已經登陸沖繩島了，現在正跟沖繩牛島滿的十萬軍隊火併，因此今天第

一小隊的人就必須出發進行「玉碎」了。張正光再次感覺到一股窒息感，好像戰報本身就是一顆大型的燒夷彈，瞬間吸光了他肺部裡面的氧氣。他發現不只自己，在飛行場正喝著「御前酒」的第一小隊隊員，除了各個臉色蒼白，有些人隱約也可以看見手在發抖。對於這些相處僅僅一個多月、有些甚至連名字都記不清楚的同袍要赴死了，他的手也不自覺地發抖起來。他想起遠在彰化的卡桑在他前往大阪讀書前，在彰化火車站對他說：「再過一年你就成年了，成年以後就是男子漢了，男子漢就要懂得照顧自己。」

　　想到自己忽然離開彰化的田野前往大阪，忽然間又從大阪被火車載到遙遠的九州，不久又要面臨跟他眼前的同袍一樣送死的命運，想到卡桑講的「男子漢」，再看看眼前第一八幡皇護隊同伴們，這一批被迫提早成為無知的帝國男子漢，一小時之後多半要葬身於太平洋的同伴，他感到生命集體臨終前的那種恐怖窒息、寧靜。這就是鈴木同學所說的「鬼在哭」的聲音嗎？

# 父顏

　　我也許聽過鬼在哭的聲音，但那或許又不是真正的「聲音」，而是即將臨終的人臉，以其所發出的靜謐、恐怖與騷動之聲告訴我，他是如何眷戀著這個世界，這就是我那才華洋溢、一生做板模工、肝癌早逝的父親的臉，以及還活著的母親在菜市場擺攤賣女性胸罩、內衣長達三十多年，因自由市場導致生意衰敗，患帕金森氏症且逐漸不良於行。關於他們的一生，很多年以後我才知道，恰恰是這些長期受到壓抑、羞辱的生命，啟蒙了我。

## 長庚醫院

　　我不懂，除了父親老是愛喝酒以外，父母親在社會上都是善良的人，工作上也都非常努力。母親就更不用說了，三十多年在樹林博愛市場賣命，擺攤、擺攤、擺攤、擺攤……每天跟客人討價還價，跟警察周旋。他們的一生，恰似大多數那個年代成長的台灣人般勞苦奮鬥，卻永遠處於底層的位置，一生也不太有快樂的時光。記得1993年考上國立藝術學院的時候，相對於我那兩年前考上台大財金系第一志願的哥哥，父親並沒怎麼讚揚我。

父親，衫林溪，1983 年

「爸，我考上國立藝術學院！」我高興地說。

「喔，我做水泥工時也蓋過國立藝術學院的水塔。」他淡淡地說。

父親性格剛烈且不擅於表達情感。記得有一次父親節我送了一條皮帶，他只笑著說了一個字：「幹！」一生性格剛烈的他，十多年前因為肝癌在林口長庚醫院做了半年多的化療，那真是一段該死的經驗。記得第一次到醫院檢查時，父親還穿著髒髒的拖鞋，那是一種菜市場買來很便宜的土黃色塑膠拖鞋，一派輕鬆地坐在病房的塑膠椅上，彷彿只是去做一趟例行性超音波檢查，當天下午就要回家一般，只是誰也沒有想到從此就踏不出長庚醫院了。

為什麼我總是記得這些畫面？包含他什麼時候抽了人生最後一根菸。為了父親，我開始勤勞地學習腳底按摩，向「若石」腳底按摩的權威學習、讀了多少足底反射原理的文獻就不說了。某一天我去病房幫他做腳底按摩，記得那是第二次看核磁共振及化療報告的時刻，化療報告顯得很不樂觀，醫生說癌細胞已經擴散到肝靜脈。那天下午，病房窗外林口的街道風景簡直是一片恐怖的寧靜。三十多年來，我第一次看見他當著小孩面前痛哭。久久，從他扭曲的臉擠出一句話：「活不了了……」當他半起身坐在藍白條紋床單的病床上啜泣，那張粗糙如水泥、黝黑的臉糾在一起的樣子，那是什麼？我想起二十年前大學時，我們父子倆一起前往台中縣東勢鄉「八公里」的果園準備為橘子園施肥，經過一座不知名橋畔的雜貨店，我望著隨身的背包，發現自己帶了一片平克佛洛伊德的原子之母唱片，而他卻下車買了一罐新東陽豬肉罐頭，我們曾經認識過彼此嗎？

我們其實不曾經認識過彼此。父親總是給人嚴厲、剛強而威嚴的印象。在長庚看到最後一次化療報告，眼淚從那張枯黃、也許充滿化療藥劑的臉皮一點點流下來，雖然非常細微，我仍感到如同江河崩毀般的震

撼。那段時間，我們試過太多方法救父親，中醫仙丹妙藥就不說了，有一次還差一點照著某位萬華算命仙的建議，抓八尾野生的鱔魚燉湯給他喝……太多畫面了，他臨終前那一連串痛苦、擁擠不堪的景象在我的腦海裡揮之不去，以至於我無法詳細地解釋他如何走向死亡，這樣的回憶對任何人也都會是一種折磨。例如死前最後幾天，臨時轉院到三峽恩主宮醫院了。因為身體機能完全衰敗而導致「腹水」，父親必須接受「腹水引流」。簡單說那就是用一根很粗的針，像注射牛隻一般直接插進腫脹的腹部，然後拿一個玻璃瓶接出這些黃色的腹水。我親眼目睹那根非常粗的針直接插入父親的腹部時，他臉上痛苦的表情。

人的生命在走向終結的階段，往往很像動物，臨終前由於痛苦之故，病人是不太能言語的，就像一隻無法說出具體語言、意義的動物一般，只能扭曲身體，嘴巴發出哀嚎。總之，約莫一個禮拜後，父親終於在腹水、肝昏迷、大便失禁之中走了。

# 臉

多年後我才理解，那張臉從此一直留在我的心中。這種無聲的話語令我第一次感覺到「絕望」。第一次看到「絕望」出現在人的臉龐時，那種文字難以形容的東西是什麼？父親過世之日是2004年6月3日，那段期間，我也處於創作的停頓狀態，並開始整理自己第一本創作集。那年，我一方面不斷地在過去多年所累積超量的創作檔案裡打轉，二方面為了生計，得做許多藝術以外的工作，三方面又得三天兩頭往林口長庚醫院跑。隨著父親的病情愈來愈不樂觀，我也開始感到前所未有的恐慌及焦慮，化療報告那天下午，父親的啜泣，讓我更加感到一種難以為他分攤的絕望。

有時候我會忽然夢見他還活著，父親有說有笑地談一些事，訓誡我不能做這個不能做那個，或者一如往常帶著我跟哥哥前往三峽的大豹溪游泳，夢中總有一種父親原來沒死的詫異及喜悅感。醒來以後，那種感覺立即消失，我只能努力保留夢中已然遺失的場景。那種感覺非常對比的，跟我不斷地夢見沒有辦法從海軍退伍的噩夢一樣。夢中，我一直卡在種種說不出來的因素，無法離開該死的左營海軍基地，以至於同梯都已經退伍了，可是我還必須留在那個可憎、灰暗無色的軍營裡。

## 隅田川

這是一張什麼樣的臉，往後的日子裡，父親臨終前扭成一團的哭泣，幾乎成為謎一般的物質，不斷地在各種場合幻化來幻化去？2013年拜訪隅田川旁邊的野宿者部落時，我又看到這張臉。有一天，我跟市村約在東京北部的北千住車站，一起轉車到荒郊的崛切車站一帶，那裡有一條叫做隅田川的大河。崛切橋下一帶，東京都政府正準備將河邊的空地整建為公園綠地，然而這塊空地在過去十多年已經聚集了十多頂的藍色帳篷及野宿者。當我遇見凜冽空氣中，站立在荒川河邊的野宿者小林時，我一直覺得小林那張從日本東北鄉下地方來到東京討生活的粗糙臉孔，有一種說不上來的熟悉感。隔了一段時間，市村又帶我去一個叫做豎川公園的地方，在一個可憐的角落裡同樣蝟集了好些藍色帳篷族。因為豎川公園正被政府及財團聯手改為收費式的水上遊樂場，這些野宿者便像垃圾一樣被丟到橋下。因此，現在想要進去聚落，只剩下龜戶橋下一條僅能容納一人的施工便道，相當不方便。現在，據說東京都政府計畫連他們最後的生存據點都要清除掉。

「在東京市中心一帶蓋收費的水上樂園有病啊！」我默想著。

走進野宿者聚落以後，巧遇「山谷」勞動者組織的人。來東京之前，我一直對「山谷」的人充滿遐想，可是那天在豎川公園的野宿者部落裡，「山谷」的人卻對我出奇地冷淡，似乎懷疑我是敵對一方的人。早幾天我曾去了「山谷」所在地，位於南千住一帶傳說中的「寄場」看過。那是東京早期的人力市場，充滿了移工的悲傷故事，同時也是黑道暴力事件頻傳的區域。倘若看過佐藤滿夫、岡山強一拍攝的《山谷——以牙還牙》的人，不會不感到毛骨悚然的。1984年佐藤成立了「宣言（Maunfest）映像」的拍攝組織，十二月開始全力拍攝山谷地區「寄場」的故事，開拍不到二十天就被日本國粹會的右翼黑道當街刺殺。佐藤死後，另外一個導演岡山強一繼續接手影片的拍攝，沒想到又再度被謀殺。日本右翼與天皇的概念是不可切割的，岡山導演對於為什麼續拍《山谷——以牙還牙》這部片，留下了以下的遺稿：

1984年12月22日佐藤導演慘遭殺害的事實，這起事件同時呈現「山谷」的現狀，反映了這個時代狀況。此外，先前以「勞動者支配」的模式所進行的工人支配政策，開始轉換為軍國主義一般的「勞務者支配」。在這個剝削與支配的雙重結構中，社會歧視變本加厲的現實，而將其統合／統治的，便是天皇制。日本主義與資本主義，這兩項功能作用相異的制度，由天皇制將之統合的結果，致使日本發動侵略戰爭成為必然；遑論這個支配權力的本質，可定位在日本對朝鮮、台灣進行殖民地支配，以及向亞洲發動侵略戰爭的延伸線上。也就是說，有關奴役、強擄勞動者的本質，必須回歸到天皇制與侵略戰爭動員的原點來探討，以之應戰。（翻譯：陳宇敏）

# 龜戶橋三號

　　早期東京為了填補空缺的勞動力，從鄉下貧窮的縣區招來很多農人和窮人，這些人一旦進入人力市場後，便立即受到黑道把持，包含住宿、工作的派遣，乃至於生、死……。據說很多人因為冬天沒地方住而凍斃於街頭。我剛前往山谷地區時，下了山手線南千住車站後便進入一片茫茫大海，找不到傳說中的山谷。往車站後面走了一段路以後，逐漸發現自己走入一個與東京市區格調上完全不一樣的地方，這地方充滿了類似台灣「樹之林」那種廉價衣服量販店、台灣「小北百貨」的雜物店和台北車站後面華陰街一帶的陰暗、骯髒小旅館和小商店。甚至有些地方像萬華龍山寺公園一帶那樣聚集著野宿者。

　　最後抵擋不了肚子的飢餓，我進到一家拉麵店，店中只有幾位老人若有所思地坐在角落，老人們像雕像一般動也不動地坐著，好像自從昭和時代結束那天起就一直坐在那裡，怔怔地面對桌上的啤酒發呆。但是沒想到，這家小館的拉麵居然如此好吃，帶著滿足的心情，我用蹩腳的日文問老闆娘山谷地區在哪裡，老闆娘有點不解地說：「這裡就是啊！」

　　那天，豎川公園的野宿者與隔壁水上樂園財團擴建工程之間的抗爭，正進入另一個階段。因此「山谷」的成員正在為野宿者煮大鍋稀飯，順便與這些流浪人討論未來的計畫。

　　雖然得到允許進入野宿者部落，但是對他們而言，我完全是一個外人，加上本人的日文程度簡直如戈壁大沙漠一般貧瘠，因此沒有辦法真正理解他們的對話。可是在那裡，我遇見一位年輕的野宿者藤井先生，他來自於日本的東北鄉下地區。對於為何流落東京街頭，他們通常一句話也不說。可是藤井先生粗糙、有點油膩的流浪者臉孔，居然又讓我產生先前在荒川河畔看到野宿者小林的熟悉感。

逐漸地我才發現，原來這種熟悉感和父親臨終前那張啜泣的臉相似。有時候我會猜，他的哭泣不僅僅因為自己快死了，也好像是在為自己這輩子身為一位水泥工人而哭，我覺得這是一種完全被社會創造出來的憂傷。

　　臨走前，一臉黝黑、粗糙的藤井指著他藍色帳篷外自製的小木箱，上面寫著「龜戶橋三號」，大概就是龜戶橋下第三號流浪漢的意思吧。市村說過去野宿者露宿街頭，沒有住址，可是自從某一年大阪的野宿者開始瘋狂的互相寄信，例如寄給某天橋下的某人、某公園角落的某人。這件事在某天上了媒體，導致日本郵政局被迫接受野宿者也有地址的事實，郵差們也開始送信給露宿街頭的野宿者。藤井說希望我回台灣以後能夠寄信給他。

　　如今，日子久了，這件事伴隨著其他的許多事，一一被我遺忘掉了。

瀬戸內海

# 四月海洋

夢很厚
必須鑿開十三公里長的隧道
才看得到海
海是島嶼的天空
看到海
我們的心
才掙得出牢籠

——羅智成，〈九月〉

戰爭如同野花般盛開，以亡靈為養分，綻放在人間。但對張正光來說，憂鬱是多餘的，看著隔壁第一小隊準備出擊，他心裡無法感到一絲悲傷，反而滿腦子盤算著，如何在這場戰爭中活下來。1945年4月6日，第一小隊三十六架飛機起飛衝向沖繩海域，像飛入黑洞一般，一個多小時後幾乎全數失去消息，最後只剩下三架飛機因為迷路或油料不足而飛回宇佐基地。這三個殉國不成活著回來的隊友，當天晚上馬上被送到禁閉室隔離。聽隊長說，基地指揮官曾經考慮處決他們，但是礙於非常時刻人力的匱乏，因而決定暫時先將他們關起來再說。

# 菊水特攻

晚上，張正光焦慮到幾乎無法入睡。一千公里外的沖繩島海域似乎隱隱約約傳來艦砲的爆破聲。這是幻聽嗎？年少的他不是沒有經歷過炸彈轟炸，宇佐飛行場這一年來就不知道經歷過多少次 B-29 轟炸機的摧殘。爆破聲似有若無，好像遠方正有一位高過雲際的巨人，正撥開沖繩的海水，匡嘟匡嘟地步步迫近宇佐飛行場。

過了一會兒，聲音不見了，整個寢室卻反而陷入一片恐怖的寧靜中，他也聽鈴木同學說過，日本東北鄉下地方經常會有海嘯，一旦海嘯來臨前，整個村莊、城鎮會忽然像聾了一樣聽不到聲音，原來所有聲音都會被海嘯黑洞般巨大的能量所吸入。時間彷彿靜止了般，朦朧間，張正光更加焦慮而難耐。幾分鐘、也許幾小時之後吧，聲音再度出現，他再仔細一聽，這似乎是人體高速撞擊金屬之聲，那是第一小隊的同伴撞向軍艦時所發出的聲音嗎？張正光哭了。事實上，同一宿舍的許多少年兵也暗暗啜泣，哭泣像一種傳染病，瞬間蔓延在這些少年學徒兵之間，但卻沒有聲音，沒有人敢真正哭出聲來。

應該凌晨三點吧，他才似有若無地在疲累中睡去。夢裡，第一小隊同僚一個個從黑暗中走出來，一字排開朝他招手，但是多數五體不全、血肉模糊。只要臉的輪廓還在的人，都在向他微笑，張嘴唱起神風特攻隊隊歌《若鷲の歌》：

> 仰慕前輩預科生，屢聞戰功熱血湧
> 必勝信念練功擊，大和魂兮本無敵
> 不惜生命預科生，勝利之翼意志翼
> 轟沉敵艦仗壯烈，想給母親送相片

4月7日那天，第一小隊參加的是帝國所下達的「菊水特攻」第一波自殺攻擊。面對美軍節節進逼，3月20日大本營頒布了「天號作戰」的自殺攻擊命令，4月1日更下達了「陸海軍所有戰機特攻化」的絕望指令。包含日本本土、九州、台灣的所有飛機通通都改裝為自殺攻擊機，光是九州一地就有三千多架飛機準備送死。台灣方面代號「白蝴蝶」的神風特攻隊也接到待命。當時台灣主要的基地是新竹機場，由第八飛行師團負責組織自殺攻擊。另外，整個沖繩戰役中，光宜蘭機場就參與了三波「菊水特攻」，場面之激烈可見一斑。

　　4月6日「菊水特攻」隔天，像一座城市般巨大的戰艦大和號，裝載著單程燃油從吳港出發，悲壯地以其龐大身軀吸引美軍攻擊，借以減緩沖繩守軍的壓力。種種自殺方式，幾乎像老人臨終前迴光返照一般，迷惘中綻放著五顏六色的瑰麗景觀。除了戰機特攻化以外，覆滅前的日軍還集結了為數不多的新型攻擊機：天山、銀河、彗星、飛龍等，編成「芙蓉部隊」為自殺機隊提供掩護。但是由於美國在經歷過往慘痛的攻擊後，已經發展出一種嚴密的防衛手法，層層攔阻。因此九州、台灣起飛的飛機幾乎都有去無回，「芙蓉部隊」也像提早凋零的花朵般紛紛墜入太平洋深處。

　　六天以後，「菊水二號」特攻啟動了，帝國各地共四百七十八架飛機起飛，包含九架一式陸上攻擊機載著「櫻花彈」，準備在迫近沖繩海域時，發射這種內載著神風特攻隊員的人肉炸彈，衝向美軍艦隊。這是人類史上第一次具體使用會飛的人肉炸彈武器並為對方帶來破壞的案例，美軍史丹利號驅逐艦即被一枚「櫻花彈」穿透，幸虧並未爆炸，而傑佛斯號驅逐艦雖以機槍擊毀一枚迫近的「櫻花彈」，但震撼的爆炸依然重創船體，使得該艦被迫提早退出沖繩海域。

　　當天，宇佐基地也接到「菊水二號」特攻的派令。住在隔壁宿舍的

第二小隊二十三架飛機奉命出擊。經過一段時間的焦慮等待，那天居然回來了九架飛機。大家所持的理由紛紛不同，有的宣稱油料耗盡了，畢竟到了萬物匱乏的戰爭後期，帝國南方殖民地的石油運輸線路已完全被切斷，而替代的酒精燃料又不是很可靠，油料不足的說法後來成為特攻隊成員想要活著回家的好理由。另外一個大家喜歡拿來搪塞的藉口是飛機迷航。但是基地指揮官也逐漸摸索出新的對應方法，就是將這些五花八門理由下的生還者暫時拘禁，等待下次自殺攻擊起飛時優先補上，若再一次生還則將他們長期拘禁。

## 螢火蟲

4月16日，終於輪到張正光所屬的第三小隊要出擊了，目標是沖繩中部已為美軍佔領的嘉手納機場，以及附近海域的艦隊。出擊前一晚，隊員們已經獲知行動的命令，由於連日來一直處於緊繃的情緒，到了接到出擊命令時，心情反倒進入穩定的絕望狀態。死就死吧，大家都知道沒有人能真正飛抵嘉手納機場的，也知道帝國每天的戰績宣傳都是謊言，只有張正光還在努力想著如何求生。

晚上，張正光和同袍一起到附近的酒館喝酒。由於燈火管制的原因，日本鄉間暗黑、悠然的氣氛瞬間浪漫了起來。走在小路上，他看見許多螢火蟲一閃一閃、或遠或近地縈繞在田野間。四月的瀨戶內海洋溢著淡淡的鹽味，隨著海風溫柔地撫摸著宇佐的稻田，像精靈一樣，散發出一種迷人的氣質。他想起家鄉彰化田尾一帶，每到春夏之際也會充斥著剛腐爛的新鮮稻田味，那是一種濕潤、溫和、混合著童年記憶的味道。有時家鄉的田間也會如同此刻一般，飛舞著許多螢火蟲。他想起老人說過的古怪傳說，聽說螢火蟲是由死人的指甲幻化而成，因此夏日午夜家

鄉附近的亂葬崗總會出現成群螢火蟲飛舞，一眼望去，像有千萬個亡靈在靜謐的夜裡張牙舞爪跳舞著，老人家都管叫它「鬼燈籠」，說是那些孤魂野鬼晚上點著燈火，引誘夜間路過落單的人。落寞、身處異鄉的張正光，面前突然出現一群跟家鄉一樣的螢火蟲，雖然有點害怕，但他還是想伸手抓一隻看看，同行的鈴木同學見到，馬上驚慌地制止他。

「在日本，我們相信螢火蟲是人類的眼睛，因此你把它弄死了，說不定自己也會失明喔！」鈴木說。

張正光怔怔地望著黑暗的稻田，被螢火蟲、南方之味及潮浪般的記憶所淹沒。他再度想起公校時暗戀的女同學林水軟，他們都在田尾的海豐崙公學校就讀。在那時候公開戀愛是不太行的，特別是他們還未成年，他也不是很清楚什麼是戀愛，只是時常忍不住在上課時偷瞄她。有時候，林水軟也會偷瞄回來，但是當雙方眼神一有接觸時，彼此好像犯了什麼禁忌一樣，趕緊將眼神移走。

什麼是南方的味道？曾聽在台北學美術的表哥說，帝國為了推廣殖民地的特色，特別創造出「地方色」這種東西，就是畫畫要畫出南國炎熱、光影的感覺，才有機會得到「帝展」賞識。對於張正光而言，這種用顏色、線條、構圖等方法去經營的「地方色」，他感到非常的抽象，一點也聽不懂。可是當他來到接近南方的九州，特別是宇佐這邊的陽光、空氣中飄盪的氣味，讓他直接感覺到家鄉。瞬間，稻田的味道、鴨子、甘蔗工廠、公校的建築、林水軟的臉⋯⋯填滿了他的腦袋。

「稻田、稻浪⋯⋯稻田啊稻浪。」張正光空洞地想著。

# 戰鬥左派

這個判決不是最後結果，這僅僅是個開始，堅強的意志還會繼續傳播。

——重信房子的法庭陳述，2006

我終究不應該去代代木公園，作為一個游離者，流浪於藝術權力、資本主義及所謂的「諸眾」想像之間，這樣的漂流畢竟成不了氣候。市村具有絕大的勇氣，從一開始就決定脫離資本主義的枷鎖，但是，這實在是太難了。市村說，2003年她從荷蘭阿姆斯特丹回到日本之後，曾經一度在學校教書，可是這樣的日子並未帶給她真正的快樂。有一天意外來到代代木公園，進入三百多位野宿者的聚落，她當下感覺到：「這就是未來我要生活的地方。」

## 自主性

我離市村非常遙遠，這種差距彷彿是無法彌補的，除非自己真正出現另外一套具有「自主」意味的生命模式，藝術也許才有一些不一樣之處。在過去的教育中，「自主」意味著藝術是一套有著獨立語言、儀式、

代代木公園的樟樹

身體乃至於美感的特殊模式，就好像宗教同樣也存在自己的模式般。但終究來說，我們談的並不是「自主」的內容，而是信仰的問題。信仰是一種層層疊疊的體系，牽動並圍繞著「真理」的概念所運轉。這不是說信仰是錯誤的，而是，假如我們感覺到有必要的時候，我們真正有辦法穿越信仰嗎？問題在於什麼時候，什麼事情以「必要」為浪潮，衝擊了我們的生命？這些問題，我都還不懂。

　　那些在東京黑夜行走的經驗，穿越繁華的表參道、進入熙來攘往的澀谷街頭、鑽入迷宮一般地鐵網絡的經驗，這一切令人感到自己確實活在這個時代的尖端，同時也意識到自己只是時代尖端裡的一隻老鼠，因此也令人感受到難受及絕望。

　　市村有時候也接受展覽，進入一般展覽體系裡面展示她在代代木公園的相關實踐。可是我知道這與台灣絕大多數的藝術創作者不同，甚至可以說她已經遠遠甩開地球上多數打轉在白盒子策略、有效性等空洞語言辯論的藝術家及藝評家。她也許僅僅是從根本的生命處境裡，聆聽著代代木公園裡野宿者渾身散發出來的震撼聲響，因此徹底重新考量藝術在這個該死的世界中的位置。我們老是聽到一句話：「活出藝術」，這句話在不同的階段代表不同的意思，可是對市村來說，「活」就等於「政治」，而「政治」就等於「死」。因此公園中、街道上的生活正是以肉身對撞高速運轉的東京社會。我覺得，推動這種激烈對撞的東西，不是什麼，就是真誠的憂傷。

　　這種哀傷，聯繫的也許不是現代主義以來呈現在藝術世界裡關於崇高的憂鬱，某個層面市村的憂傷接壤了過往日本左翼運動的失敗經驗，同時也包含這幾年一直被關注的福島核災問題，及其背後龐大的帝國主義勢力。據我所知，日本社會運動已經沒落一段時間了，從1966年成田機場的三里塚抗爭以來，乃至於1972年轟動社會的「淺間山莊事件」，

透過電視媒體，將現場實況轉播給全日本社會，包含機動隊如何用大型鐵球摧毀赤軍所佔領的山莊，以及兩名機動隊當場被赤軍槍殺的畫面。據說該次攻堅行動的電視轉播，創下日本「收視率統計」有史以來的高點。後來聽說，社會從此進入孩童般的賤斥狀態。

對於一位外人來說，我實在沒有辦法真正進入日本社會脈絡或者生活記憶中，去理解三里塚、聯合赤軍、榛名山據點的「總括」以及淺間山莊這些事情的真正感受，這段歷史對我來說是空白的。可是對市村這一代的青壯年而言，六、七〇年代是一個既具希望又幻滅的時代。那時，日本社會集體像一個不知所措的孩子，像透過NHK直播1972年輕井澤町河合樂器製造公司的淺間山莊，那棟山中建築崩壞了一般。媒體塑造了機動隊的英雄形象，當他們攻入淺間山莊時，所有人都為他們祈福。

隨著左翼的妖魔化，日本社會眼中看到的是一群狂熱運動者的興起，也目睹左翼如何轉向軍事化而失敗、幻滅。這種幻滅不單是聯合赤軍，可能也是社會集體的幻滅。對於聯合赤軍的創辦人，也是「榛名山據點」事件裡對自己同伴進行「總括」（一種殘酷思想淨化）的發動者重信房子而言，他的爸爸重信末夫是極右派的暗殺團體「血盟團」，篤信革命必須流血才能獲取成功。某方面日本戰鬥左派的淵源居然來自於極右派。

## 影像流轉

我感到很矛盾，市村提到，經歷過上述種種挫折，八〇年代以後日本社會開始選擇服從，馴化於政黨、財團的控制。對於這段歷史，我必須重新從「影像」裡面去填補空白。在市村的建議下，去了一趟惠比壽的東京寫真美術館，觀看小川紳介的紀錄片《日本解放陣線·三里塚之

夏》。影片中，當成群警力、空港測量隊開著好幾台重型卡車進入三里塚空港預定地進行測量的時候，村民們立刻敲擊各式各樣的金屬器具來發出警報，村落裡的「全學連」忙碌地以對講機串聯。所有的人，彷彿一群已經在攝影機鏡頭外等待已久的臨時演員似的，待警報響起後，戴著鋼盔的「全學連」及村民立即衝出去阻止測量，雙方隨即扭打成一團。隨著戰鬥逐漸展開，影像的動作愈來愈激烈、擴大，逐漸連結到不同時間，不同場景，最後演變成一堆絞肉。

發生在三里塚事件的畫面，警察發射催淚彈、強力水柱，「全學連」及居民或把自己綁在柱子上、或試圖堆積障礙物建立防線……小川紳介長期參與三里塚運動，使得其所拍攝的影像，流露出與單純作為「旁觀者」的拍攝者非常不一樣的質地，一如張鐵梁在香港獨立電影節的文宣寫道：

> 小川紳介和他的團隊並不想重申某一個「真實」或重構一個事件，而是依靠作者現場的「參與」，去調查發生了什麼事。這種拍攝方法講究的不是拍攝器材，甚至也不是剪接手法，而是從身體與身體的交織，創造出一個影像生產的場域。

另一位導演，也是前「聯合赤軍」的成員足立正生，其《略稱・連續射殺魔》一片則更顯得駭人，足立正生以流動的現代生活畫面、詭異的音樂，加上旁白所描述的十九歲少年殺人犯事件，勾勒出一個充滿壓抑、詭譎而無望的年代。

那一年，在東京寫真美術館看完影片之後，我感到非常的不快樂。也許因為我所成長的環境太過舒適了，以至於完全無法理解小川或者足立這樣赤裸的影像拍攝者，或像市村這樣的街頭野宿者，存在於他們心

中的那種「必要」，究竟與我過去期期以為的藝術之「必要」之間，有著如何的鴻溝？我相信他們的生命抑鬱之深，完全不像日本二戰以後「無賴派」（如太宰治）所呈現的虛無、甚至是自毀，而是反過來產生了一種朝向社會的哀傷凝視。例如市村公園生活中的「自治」，或者小川紳介在三里塚影片拍攝中，不相信官方影像檔案，而試圖用自己的長期參與拍攝所顯示出來的另外一種「自治」。

是時候了，我覺得必須暫時離開北國。

沖繩戰殉職醫療人之碑，姬百合紀念館

沖繩

自殺攻擊出征前，箭頭處為張正光。（圖片提供：張正光）

# 鐵雨

這樣一個如此與我們西方哲學背離的場景，它所帶來的是一種催眠般的入迷。我們不像是攻擊的受害者，倒像是懷著某種冷漠恐懼的目擊者，以觀看一幕令人驚嘆的奇觀的心情，目睹每一架神風飛機下衝。那一刻我們忘了自己，只在思緒著天上的那一個人是怎樣的心態。

——布朗（C. R. Brown），第五艦隊副指揮官

昭和20年4月16日清晨，張正光所屬的第三小隊接到出擊命令，二十四架飛機已經依序排在飛行場。像是收到等待已久的死刑般，隊員臉上一一浮現忐忑不安的愁容，絲毫看不出慷慨殉國的壯烈情緒。張正光的飛機駕駛是小隊長岡山，他則在後座負責武器操控，並隨時準備處理、排除機械方面的問題。按照慣例，隊員起飛前，基地都會準備象徵天皇賞賜的「御前酒」，以及九州特產的甜點，像是為這些即將光榮殉國的飛行員提早舉行的喪禮般。

## 內爆

第三小隊成員在操場上一字排開，並逐一於額頭上綁上血書缽卷。

面對眼前的「御前酒」，張正光一點都不想喝，他滿腦子只想著如何活著回來，他所乘的彗星一二型飛機由隊長岡山駕駛，逃生系統也被移除了，這架飛機簡直成了空中棺材。可是理工背景的他知道，前方駕駛若要改變飛機方向，必須經由後方的垂直尾翼來調整，而駕駛座連機尾的金屬連動桿，剛好會經過他腳下。他想，面臨生死交關時，也許能用腳去卡住那支連動桿，飛機就不會撞上該死的美國軍艦。

4月16日為止，沖繩戰役已經進行了十二天，美軍正與牛島滿中將率領的日軍激烈交鋒，在這場被後世日本人形容為「鐵雨」的戰役裡，雙方力量極為懸殊。牛島滿在必敗的狀況下，將第三十二軍的十萬軍隊集中在島的腰部地帶，利用天然的珊瑚礁岩洞穴，構築了連老鼠走進去都會迷路的複雜山洞來對抗美軍。由於實力懸殊，這些洞穴反而成為日軍的保命仙丹，軍中於是盛傳著「勝利的信心來自於堅固的洞穴」。另一方面，美國則傾全力將太平洋地區所有的物資、力量都投注在沖繩島上，人稱這種將物資瞬間集中在一個點的做法為「內爆」。

## 紅蜻蜓

第三小隊從宇佐基地起飛十分鐘後，馬上南轉直衝。從九州到沖繩海域不超過一千公里距離，張正光的機隊在高速中前進，幾乎不到一個小時，就看到遠方灰濛濛的海面出現了一些看似軍艦的黑點，沖繩主島及嘉手納機場的輪廓也逐漸浮現。

寧靜的海上，這些黑點好像躺在一面失去了橫軸、縱軸，光滑棋盤上的棋子一般。張正光根本不知道遠方軍艦是日本或美國的，當機隊繼續前進，預備進行「最後的撞擊」時，美國的飛機忽然像蜻蜓群一般湧上，映滿了張正光的眼簾。「蜻蜓？」腦中閃過這個奇怪畫面，他瞬間

想起家鄉的稻田，每到秋收之際，都會有一群紅色的大蜻蜓在收割後的田野上空飛舞，像是為一季的豐收所進行的祭典般。有時候他和玩伴會頑皮地抓起田裡的石塊丟擲那些蜻蜓，可是牠們的感應系統似乎很強，每當石塊明明就快丟到時，蜻蜓總會用不可思議的角度瞬間轉彎、閃躲開來。

第三小隊遇到美國飛機時就沒有蜻蜓這種神力了，由於這段期間美軍針對擾人的神風特攻隊，已經逐步發展出名為「大藍毯」的戰術，利用長程雷達建立預警制度，而神風特攻隊的飛機並沒有這樣的設備，戰鬥遂演變成明眼人打瞎子的狀況。因此早在張正光的機隊進入沖繩海域前，第三小隊的飛機便一架接著一架被擊中，冒煙爆炸。那種爆炸的聲響即便在高速中，依然非常驚人。張正光最好的同學鈴木搭乘的那架飛機也在他不遠處爆炸，碎片以完美的拋物線噴發於天空。他好像看到鈴木同學的身體分裂在空中，翻轉了幾圈之後墜往鏡子般的海面，像是鈴木對他行最後的再見禮一般。

一切都發生得太快了，張正光完全無法感到憂鬱及恐懼。約莫三分鐘之後，除了他與隊長岡山這架飛機外，第三小隊所有人都在空中被擊毀，沒有一架成功撞上美國飛機。就在一片爆破的暈眩中，張正光聽到岡山隊長喊道：「萬歲！」後，他們的飛機甩開美國機隊開始向下傾斜，直衝遠方的軍艦。這時候張正光也迅速展開了他的求生計畫，用腳卡住駕駛座到尾翼之間的傳動軸，改變了飛機俯衝的角度。前方的岡山隊長則以為機械臨時故障，不斷地以手扯動方向盤，試圖將方位修正回來。就在這一個求死、一個求生的怪異組合裡，這架老舊的彗星一二型飛機，奇蹟似地躲過軍艦上所射出的「鐵雨」，低空掠過龐大、灰稠的美軍戰爭機器，墜落在湛藍的沖繩海域。飛機強大的衝擊力量，讓他的額頭流下鮮血，但這條命總算是撿回來了。

71

漂浮佈滿油漬的海面上，張正光抬頭張望，想要看看空中還有沒有鈴木同學爆炸的身體碎片，但是沖繩的天空僅剩下一些砲彈飛過的黑色煙霧軌跡，這些骯髒的霧氣，好像是專門為他舉辦的一場大型退伍慶功宴般⋯⋯。

　　一切都結束了，第三小隊全部覆滅了，大阪學校的生活、宇佐飛行場的漫長等待也結束了。他泡在森冷的東海海水裡，心中感到無盡喜悅，這一刻對他來說，戰爭總算是結束了！

# 花昇之瘋

　　沖繩像一隻受了重傷，兀自縮在洞裡舔著傷口的獅子，既令人同情，又難以靠近。不知道為什麼，總感覺自己早就應該去看看這頭獅子，也許是害怕吧，因此一直找盡各種理由延遲。

　　倒是幾年來，冥冥中我一直在閱讀沖繩的資料，大多是關於1945年沖繩戰役的文件，腦中於是長期迴盪著關於戰役的各種細節。那應該是人類集體處於非常迷惑的年代吧，才會發展出像自殺攻擊、地洞戰或者噴火坦克那樣的東西，這些怪物不應該出現在人類歷史上的。有時候我覺得沖繩戰役不僅僅是美、日雙方的交戰，更是東洋與西方在精神及美學上的交鋒──關於日本所代表的集體主義、同心圓效應與精神主義，以及美國所代表的個人主義、邊際效應與物質主義之間的交鋒。來到沖繩之前，我總是以著迷的心態，看待這場堪稱人類史上最大型的兩種信念、信仰之間的戰爭，但是來到沖繩後，才發現自己只是一個愚蠢的檔案控罷了。

　　這種不安的感覺，從桃園機場搭上中華航空一直延續到飛機降臨碧海藍天的那霸機場。坐上通往市區的Mono Rail電車時，我才真正目睹龐大的美軍基地（中間也許夾雜著一些日本陸上自衛隊的基地）是如何佔據，切割著沖繩的土地。而真正令人感到無法適應之處在於：我知

邊野谷基地外抗議者

道如此大規模的美軍基地存在於這塊狹窄、裸露的土地上，對當地人而言，一定相對有著難以言喻的痛苦。但是更痛苦之處在於，有一種巨大的距離感，似乎來自於當地人拒絕將這種痛苦讓任何外人知道。坐在漂浮於單軌的Mono Rail車艙中，混沌地想起大江在《沖繩札記》開頭幾句話，像是對自己拉開胸膛公開示人的怒吼：

我為什麼去沖繩？這個從我自己內部發出的聲音，與那來自沖繩的拒絕聲：「你為什麼來沖繩？」互相撕咬著，將我撕裂。

我為什麼去沖繩？走在街道上，可以發現這裡的建築有別於日本本土，顯得稍微破舊、低矮一點，牆面經常可以見到台灣巷弄間常有的油垢及髒污，讓人感到無名的鄉愁。我想起科學家尼爾斯．波爾曾經提過關於量子纏繞以及「鬼魅似的遠距作用」，據說在這個世界上，任何一個粒子都可能以超越光速的速度，影響遠方特定的某一顆粒子，即便兩者相距天涯海角。

像一首牽亡曲，鬼魅似的遠距作用終於將我推往沖繩，我想起一個未曾謀面、無法謀面卻也難以拒斥的沖繩人臉孔，不僅在遠處舉起說「不」的手掌拒斥著大江健三郎，同時以更為輕蔑的眼光掃射過像我這樣台灣來的無知之人。這位未曾謀面的沖繩人臉孔，應該就是「沖繩第一位學士」、「沖繩自由民主運動之父」謝花昇。從他雙眼流露出的絕望、瘋癲的神情，刺痛了我。

## 謝花昇

怔怔望著維基百科上的謝花昇，照片上他的眼神看起來既空洞又飽

滿，流露出難解的矛盾感，我繼續想，這種矛盾感不就像沖繩作為一艘破碎的船，航行在寬廣湛藍的太平洋，卻不知到底該往哪裡去的感覺嗎？1882年，謝花昇獲得公費前往日本，在東京帝國大學求學時期吸收了社會主義思想。但是回到沖繩後卻因為農民出身的原罪，被拒斥於由士族階級所組織的沖繩民主運動團體：「公同會運動」。後來更因為與「本土」派駐沖繩的知事奈良原繁發生衝突，遭受迫害而遠離故鄉。在前往日本後終於神戶車站發瘋，從此成為廢人。日港朝和所整理的謝花昇年譜裡，呈現了謝花昇生命中最後幾年臥病的狀況：

1901年（明治34年），三十七歲，往山口縣任職途中，在神戶車站發狂。

1902年（明治35年），三十八歲，臥病在床。

1903年（明治36年），三十九歲，臥病在床。

1904年（明治37年），四十歲，臥病在床。

1905年（明治38年），四十一歲，臥病在床。

1906年（明治39年），四十二歲，臥病在床。

1907年（明治40年），四十三歲，臥病在床。

1908年（明治41年），12月29日午後8時去世。


某日，作家山口泉帶我們造訪沖繩市私人經營的和平資料室，館長說了一個故事。他的父親死於沖繩戰役裡的美軍砲火，母親戰後卻必須在美軍基地工作，靠著每天保養、擦拭炸彈維生。那些炸彈將用來吊掛在B-52轟炸機的巨型肚子裡，像巨大的史前蜻蜓一樣，飛越千里前往越南轟炸叢林裡的老人、小孩、水牛跟共產黨。對於這樣一位丈夫死於美軍砲彈，為了扶養小孩又必須反過來擦拭美軍砲彈的母親而言，能夠形

容她一生的字眼，恐怕只有「屈辱」二字。

　　我從未感受過那麼多的屈辱共存於一個島嶼上，過去在香港或濟州都沒有這樣強烈的感受。在 Mono Rail 電車上，我嘗試與對座的沖繩人對望，想從他們黑色的眼珠裡讀出一些感受，可是他們幾乎比東京人還要冷淡，甚至存在著一絲莫名的敵意，這真是一個令人感到陌生無比的族群。我看見許多台灣人來沖繩，為的是觀光、結婚、看鯨魚吃黑糖吃拉麵；我也看到一些美國人來沖繩，為的是衝浪、喝酒、服兵役開槍及強姦少女，可是在沖繩我所看不到的，恰好是沖繩人。1972 年沖繩「回歸」日本一直到 2012 年，美軍在島上累計犯了 5747 件各式各樣的罪行。其中，1995 年的三名美軍綁架、輪暴一位十二歲少女的事件，引發了沖繩大抓狂，十萬人匯聚進行大規模的示威抗議，事件進一步引爆了沖繩人長期對於美軍的壓抑、不滿。抗議主張也延伸到撤除位於島嶼中部的普天間機場，「因為這個機場剛好卡在沖繩島的中部，使得沖繩至今沒有辦法完成一條縱貫南北的鐵路。」山口泉在車上對我說。

## 海

　　來沖繩前，我讀了高橋哲哉《犧牲的體系》著作，書中有兩張對比圖令人感到震驚和目眩。圖片分別放在跨頁的左右，右邊那張名為「沖繩主要的美軍基地」，將沖繩島上美軍基地以地圖、色塊的方式標示出來；左邊那張則名為「如果美軍基地是海」，驚人地以完全一樣的形狀、比例呈現，只是將美軍基地換上與周遭海洋同樣的顏色。

　　美軍基地如同禁區，並不屬於這塊土地，因此高橋乾脆稱它是陸上的海洋其實也不為過。另外一方面，將美軍基地標上海洋的圖樣，可以驚人地發現沖繩土地被切割得多麼細碎。從這裡，我第一次感受到沖繩

與台灣的共同點之一：「反共」，而我們最終都理解了，在反共的場景裡面，我們都是在做著沒有父母兄弟姐妹，甚至不存在朋友與鄰居，一場孤獨無比的夢。

我這一生從來沒有見過如此大規模的軍事基地，如此大規模迷惘的人群。真正能夠體現沖繩人的精神狀態者，或者說，沖繩人真正的出口，應該就是從謝花昇那具已經發瘋至今一百年的身軀裡面，開出一朵花。

整整一百年的發瘋。

# 渡嘉敷

上地一史在其《沖繩戰史》中明確記述了在慶良間列島發生過七百名老幼集體自殺的事件。試圖保命的本土日本軍人發出如下的命令:「從今以後部隊將進入迎擊美軍的長期作戰。為了不妨礙部隊行動,為了向部隊提供糧食,民眾需要英勇自決。」以沖繩民眾之死作為抵押來贖回本土日本人的生,這個命令在血腥的座味間村、渡嘉敷村的淒慘現場清晰有形,一直綿亙至核戰略體制下的今天。

——大江健三郎,《沖繩札記》

　　張正光在飛機墜落以後,忍著撞海時巨大衝撞所造成的痛楚,獨自泅泳到鄰近的島嶼求生。遠方,龐大的美軍第五艦隊像一群沉默、鐵灰色的象群一般,依然緩慢地在海面上移動著,躲避蚊子般侵襲的神風特攻隊。當天,同屬於「菊水三號」自殺攻擊群的「第五建武隊」,成功突入了這群驚恐的大象。飛行兵石野節雄駕著裝滿炸藥的零式戰機,像從滿張的弓弦射出的箭矢一般,從遙遠的九州鹿屋基地起飛後,跨越千里筆直射向沖繩海域。在石野節雄貼海飛行策略下,成功躲過了攔截的火砲,直接撞向巨型戰艦密蘇里號,擊傷了這艘西方帝國主義的巨獸。

　　張正光邊泅水邊張望遠方的戰事,天空不斷發出日本飛機被擊落的

渡嘉敷島叢林，2014

聲響。污濁的洋面上，冒煙的戰艦群像海上鋼鐵游牧民族一樣，到處攻城掠地、生火炊食，眼前的恐怖景象令人感到寒顫。他游過浮滿油漬、飛機零件、屍體碎片滿佈的海面，從一片珊瑚礁海岸奮力爬上岸。「菊水三號」在空中式的玉碎中已全軍覆沒了，像是為天皇張羅的一場表演。「這是一種報效帝國的美學。」張正光想起岡山隊長曾說。1945年的沖繩海洋漂浮著一片飛機殘骸以及人類肢體，深海裡的鯧鯊紛紛衝向洋面掠食人體殘骸。那一天，世界填滿了關於「這是一種美學」的迷惘。

　　他爬上的那座島嶼叫做渡嘉敷，距離沖繩主島不到三十公里。島上有著類似於台灣的亞熱帶林相，尤其是一種叫做山棕的墨綠色植物，山棕長了許多硬挺的葉子，遍佈於島上每一個陽光稀少、幽暗的潤谷裡。他忽然想起故鄉，靠山那邊的人們通常會抽取山棕的嫩芽來吃，也會將嫩芽裝滿一袋一袋，千里迢迢地從沿山地帶馱到彰化田尾的市場來賣。在這樣一座恐怖、陌生的荒島上，回憶起家鄉的事情特別令人感到憂傷無比。他像遊魂一樣，光著雙腳緩慢攀爬在刺人的山棕、桑樹以及一些說不出名字的叢林裡。渡嘉敷島的蚊子像銀河系的星團一樣茂密，張正光穿著泡爛、帶有海水鹹味的土黃色飛行制服，身上每一個縫隙幾乎都被蚊子咬得體無完膚。同時，墜機時所造成額頭、大腿的傷口隱隱作痛。孤獨、飢餓、毒烈的蚊子、逝去的鈴木同學，以及如夢幻影一般稍縱即逝的回憶。這一切，使張正光很想死去，可是在這樣的荒島，甚至連緩慢死去也是如此困難。


## 集團自決


　　對於陸軍大尉赤松嘉次來說，要緩慢地死去同樣是困難的。自從3月24日美軍登陸阿波連村以來，他所率領的海上挺進第三大隊在鋪天蓋

地的砲火中，被迫向北方赤間山一帶撤退，留下在阿波連村的渡嘉久志海岸邊數十艘「震洋」自殺艇。大尉根本沒有機會率領海上挺進隊員搭乘這些裝滿炸藥的小艇光榮地衝向敵人，只能羞辱地躲藏在佈滿山棕、桑樹以及有著銀河系星團一樣茂密蚊子的叢林裡。

在這座面積不到十五平方公里的島嶼上，「撤退」實在是一種很奇怪的說法，因為渡嘉敷島實在小到沒有地方可以去。與其說是撤退，不如說是找一個敵人不想理你的地方度過餘生，這就是赤松嘉次的想法。在赤間山這片叢林高地裡，除了失去了自殺艇的第三大隊三百多位成員以外，就是三百餘位「集團自決」後剩餘下來的村民。村民裡有一位少年叫做金城幸二郎，張正光上岸幾天以後，就是二郎在叢林裡搭救了奄奄一息，即將被蚊子、螞蝗吸乾血，失去回憶及求生動力的張正光。

二郎跟村民蝸居在叢林裡已經近一個月了。這段時間以來，他們活在敵人及日軍雙重的壓迫、煎熬裡。三月那次「集團自決」，赤松嘉次下令渡嘉敷村村長，將六百多位老老少少的村民集體撤往赤間山，軍隊也大方地配發手榴彈給村民供自殺之用。那一夜，赤間山的密林裡混合著汗水和淚水，六百多位村民被集合到「第一玉碎場」，在村長帶領著高呼三聲「天皇陛下萬歲」之後集體引爆手榴彈自殺，其中三百多位村民在爆炸聲中身亡，二郎的父母親也在那場混亂中被數十塊手榴彈破片擊中，流血過多而死。有些人甚至因為手榴彈無法引爆，被自己家人用柴刀、鋸子鋸死。一家世居島上的渡嘉敷七口人，甚至用繩子將彼此綁縛起來、圍繞成一個圈圈，並在圈子中心引爆手榴彈自決。手榴彈的爆破音波穿越樹林，穿透凝結的時間、蚊子、山棕，穿破了「玉碎場」一旁那群沒死成、無法言語的村民的心臟。「已經不是人了，當時就突然不想死了，很想逃走。」多年後，曾經參與赤間山集體自決的倖存者小嶺正雄回憶道。

約莫七十年後的今日，渡嘉敷島北部赤間山「集團自決」場遺址前，留有一個石碑，有點奇怪地刻著4月2日洛杉磯時報所報導美軍下士亞歷山大‧羅伯茲的目擊證言：

我們登上朝向島北端的斜坡，當夜露營。黑夜中不斷傳來慘叫聲、哭泣聲和呻吟聲，一直持續到清晨。天亮以後，（美軍）派了兩名偵察兵去查慘叫的原因。這兩個人也被襲擊了。稍早我看到前方六個或八個地方手榴彈爆炸的場面。跑到開闊地帶，看到遍地都是屍體和奄奄一息的日本人（渡嘉敷島人）。密集的人們倒著，幾乎沒有下腳的地方。

## 龜殼花

少年二郎在混亂中逃離地獄般的「集團自決」，躲在遠方血桐樹的樹坑裡呆呆望著這一切。此刻，有一種比無法言語還要激烈的感覺在他十五歲的胸口湧上。他想起蛇，想起人們為了莫名其妙的「愛」所作出的犧牲。有一次在渡嘉敷村外一公里的叢林玩耍時，他親眼看到住在同一村落的渡嘉敷先生，因為上山採藥被島上劇毒的龜殼花咬到食指，立刻用山刀將毒蛇砍死。更驚人的是在下一刻，渡嘉敷先生居然用同一把刀將自己的食指砍斷，避免毒液流往心臟，並立刻切斷一旁的姑婆芋莖枝，搗爛之後塗抹在斷指傷口上。渡嘉敷先生包紮完後，忍著疼痛，費心地挖了一個小洞，將砍斷的食指和斷成幾截的龜殼花塞到洞裡，龜殼花白色的腹部沾染了斷指的鮮血，像在一幅白色的畫布繪製的抽象畫。親眼目睹渡嘉敷先生將自己的食指靠在叢林石頭上，手持山刀猛烈揮砍下的那一刻，二郎清楚感覺到一種比言語還激烈的感覺：「這是不是一種愛？犧牲自己的手指來愛自己的那種「愛」？」

發生在二郎眼前的集體自決場景，既恐怖又令人迷惑。他想起渡嘉敷先生切斷自己手指以保存性命的那一刻，與眼前村民們集體自殺以保存帝國這個大身體的感覺，似乎有那麼點相似。他想，這要不是一種愛，至少也是一種美學，而傳遞此類讓人類的肢體碎裂、爆炸的美學，是一種關於法西斯式的美學。

1945 年 3 月 27 日以來，美軍已將巨型的長腳湯姆加農砲安置在渡嘉敷村的海岸，朝遠方沖繩本島的首里、那霸方向轟擊。巨大的爆破聲響穿越叢林，日以繼夜。此刻更交織著第一玉碎場「集團自決」的手榴彈聲響，似乎是一首關於戰爭的鼓曲。首里、那霸以及在渡嘉敷島的沖繩人身體，正在這首無名、單調的砲擊鼓曲中一片一片化為碎塊。

此刻，躲在血桐樹後的二郎感到無比孤獨。

「集團自決」幾天後，亡靈般遊盪於森林的二郎遇見了垂死的張正光。二郎發現張正光後，便將他引領到大隊長赤松嘉次的洞穴。此時赤松的部隊已經斷了跟本島軍部的聯繫，由於長期蝸居叢林躲藏美軍，士兵們基本上已經失去鬥志。赤松發現張正光同是帝國軍隊自殺攻擊的成員之一，便草草將他編入大隊中的第二中隊，協助鎮守在赤間山三二四高地的第一線。

四月，燠熱的渡嘉敷島像蒸籠一樣。由於「集團自決」已經讓村民心中形成巨大的恐懼，那些沒死的、倖存下來的島民被聚集在第一線後方約一公里的懸崖地帶。軍隊不斷對村民灌輸美國士兵是野獸，並說假如美軍進逼過來，絕對不能被他們俘虜，因為美國人會將村民集體綁起來然後用坦克車壓過，不然就是當場割掉村民們的鼻子，或者將眼珠子挖出拿來當小棒球打。種種恐怖的意象促使人們在面臨被俘之前選擇自殺，村長說一年前在塞班島，幾百名老弱婦孺在美軍逼近的最後時刻選擇跳下懸崖，已經為所有日本民眾作出最佳的示範。

可是二郎一直懷疑軍隊跟村長的說法，原因是第一次「集團自決」時，沒有死成的他呆呆躲在血桐樹時，忽然發現美國軍人的身影慢慢進逼過來。那些美國人大概也被叢林中一連串手榴彈爆破聲給弄糊塗了，想過來一探究竟。接下來的一幕令二郎感到極度的困惑，這些野獸、怪物般的美國軍人非但沒有將殘存的村民當場肢解、挖眼、生吞，反而為這些被手榴彈炸傷的人們一一包紮、治療、後送。這一幕無論如何震撼了二郎，他忽然瞭解，流傳於日本軍隊口中那些關於美軍吃人肉挖眼睛的說法，全部都是謊言。在他心中的帝國像一面鏡子般從天空墜落，粉碎在高溫燠熱的渡嘉敷島叢林裡。

## 謊言

張正光也知道帝國善於說謊。早在九州的宇佐基地時，岡山小隊長便一再宣傳美國軍隊吃人肉的事情。隊長甚至說，美軍曾經把數百位投降的日本軍人用鐵絲網圍成一圈，圍成飛機的炸射靶子一樣，以供空中的野貓式戰機試射機槍。死去的人最後還被推到火堆裡淋上醬油，讓美軍飛行員配著啤酒嗑掉了。可是張正光在自殺攻擊未遂後在海上漂浮時，親眼目睹遠方美軍正在搭救己方飛行員，那也使他困惑極了。因此當某一天二郎與他談起此事時，他們顧念著可憐的村民要不就是餓死在螞蝗、毒蛇、斑蚊橫行的亞熱帶叢林裡，要不就是死於不知道何時到來的第二次玉碎，因此他們決定斗膽向大隊長赤松嘉次建議，要不要乾脆直接向美軍投降。

1945 年 4 月 6 日，天空剛翻魚肚白，戰爭的野花以亡靈為養分綻放著。拂曉的渡嘉敷海岸，二郎的頭顱在潮間帶，伴隨著美軍長腳湯姆加農砲的一五五口徑彈殼，隨著海水滾來滾去。當天他與張正光的投降

建議被赤松憤怒斥回，激憤的赤松立即下令處死他們。張正光在處死前驚險地從囚禁的洞穴裡逃了出來，盲目摸索到美軍三〇六團前線投降，成為俘虜。而十五歲的少年金城幸二郎則因為拒絕逃走，想要將自己的靈魂留在島上，陪伴自決身亡的父母親以及其他村民，在隔天被日軍砍頭。

張正光向美軍投降以後，在木頭製造的牢籠中深深地睡了一覺。自從飛機墜海沒死後，他受傷的腦部似乎產生了奇異的感知力。夢中，他竟然能夠看見二郎頭被砍掉前，眼睛所看到的最後影像，在軍刀揮落二郎脖子的瞬間，二郎的眼睛浮現了渡嘉敷先生站在島的叢林深處，一手抓著扭動的龜殼花的頭顱，怔怔地望著二郎。

張正光又嚇醒了。

# 島的腰部

　　我們搭乘五十二號線公車前往普天間機場旁的佐喜真美術館，準備以私人的身分拜訪館長佐喜真道夫。

　　那一天，陽光令人感到毒辣。不知道為什麼，沖繩的天空總是綻放著一片無法收拾的藍天，看上去像台灣的墾丁，其氛圍則像是一場戰爭。剛開始我想著，沖繩的陽光是一位暴躁的君主，每日以刺痛而灼烈的酷刑對待其領土上的子民。沖繩人黝黑的皮膚，不正是這位嚴酷的立法者為他們烙下的印記？可是慢慢地，我也經由自己的皮膚感覺到，沖繩人黝黑的皮膚，正是他們長期戶外勞動的結晶，皮膚的顏色與當地土壤、黑糖，甚至與沖繩龜殼花上面的咖啡色紋路，竟是那麼相近。

## 黑色的記憶

　　我回憶起關於膚色的故事。記得小學六年級時吧，我們的班導師是一位徐姓手球國手暨手球世界杯冠軍教練，每次在國文課快結束時他總會開放一段「天文地理時間」，隨便我們問什麼他都會回答，多年以後我才理解那其實可以同時被解釋為「瞎掰亂答時間」。「天文地理時間」通常讓我們這群小朋友感到很無聊，因而常常陷入一片死寂，有一次為

普天間機場圍籬

了化解尷尬，我勇敢地問了一個自己也覺得夠瞎的問題：「非洲黑人為什麼那麼黑？」沒想到徐姓手球國手暨手球世界杯冠軍教練兼班導師回答我說，非洲黑人皮膚之所以是黑色是因為被太陽曬的！

記得當時聽到解答時，心中感到一陣暈眩。我幼小的心靈感覺這種回答有跟沒有一樣，可是又無法提出不同的說法來反駁他。直到數十年後我所聽到的答案根本是反過來的，因為赤道的陽光讓黑色素發達的人容易生存，黑色素可以保護陽光的曝曬。長期下來，不同膚色的人種逐漸移往不一樣的地方生存，黑色素代表可以在陽光下生存的強健體種。不如這麼說吧，黑糖、黑土、黑皮膚、黑色龜殼花，甚至連傳統三線的黑色木質琴柱，皆可以稱為沖繩長出來的、具有對抗性的力量。這是坐車前往佐喜真美術館的五十二號公車途中，迷濛中我感到關於陽光、關於黑色的一點回憶。

很快地我發現這些兒時回憶就像一頭長途跋涉、營養不良的藍鯨一般，疲憊地擱淺在陌生的沖繩陸地。坐在乾淨的冷氣公車裡，我們沿著三三〇號公路由那霸往宜野灣市前進。望著窗外，我們穿越了一方面現代化、日本化，可是又令人感到碎片化的沖繩城市景致。這些景致宛如馬雅廢墟遺留下的謎團般，只剩一堆「可見性」，這種可見性看得到卻無法理解。好像不知道是誰，用了多少時間在沖繩搭建出一座無與倫比的劇場、片廠或根本是違建，阻礙了我對空間的基本認識，像一座迷宮般令人迷惑不已。

「這不是真的。」我想著，但又不確定自己是否真這樣認為。

在車上，我一直知道自己坐在一部由皮膚不黑、乾淨有禮的沖繩公車司機駕駛的舒適公車裡，可是窗外，自己卻正穿越沖繩戰役裡最為嚴重、膠著的區域。從南方的那霸到北方的宜野或許不到十五公里的距離，這個沖繩腰部地帶的面積或許比我的家鄉樹林市大不上兩倍。但在

戰役開始的頭一個月幾乎造成五萬日本軍人、六萬沖繩居民以及數千美國軍人死亡。許多沖繩民眾被逼迫走出山洞找水及食物給日軍吃，因而被美軍掃射死亡，有些婦人拿起竹頭削尖的竹籤棍自殺式地刺向美軍，許多流著鼻涕的少年被編入鐵血勤皇隊，成為美國長腳湯姆加農砲下的砲灰。

據說那時，美軍行進到首里古城附近時，也就是我所乘坐的公車所走的路上，天空下起了迷濛之雨，滂沱的雨勢加速了屍體的腐化，成群的蛆從各地被遺棄的沖繩人、日本軍人屍體裡爬出來，白色的蛆鋪滿大地，像從土壤裡開出的雪花一樣，有些剛從北方奧勒岡州調到沖繩的年輕士兵，一時錯以為原來沖繩也會下雪。

## 可口可樂瓶蓋

對於沖繩的不懂，令我感到一股自己也無法抑制的激動。就像謊言、魔術一樣存在著明明白白的「遮蔽術」。這個印入眼簾的劇場也好、片場也好，沖繩的景致既現代、日本化但又碎片、基地化，讓人覺得根本不是美軍基地蓋在沖繩的城市與城市之間，而是整個沖繩是蓋在美軍基地裡面。城市在乾淨、新穎、無歷史之間透露出一種絕對的荒涼，讓它恰恰似如一場戰爭過後的廢墟。無數的藉口遮蔽在沖繩上空，以至於後來我在讀了高橋哲哉「正因為可見所以要表示『道歉』」的譬喻以後，更加理解日本官方對於《美日安保條約》的依賴以及造成沖繩居民長期的痛苦，居然以一種「有權利道歉」的方式表達出來。但就像馬英九，道歉純粹就是道歉而已，美軍基地仍舊如火如荼興建著。

佐喜真道夫大概也不會接受這種凌辱式的道歉，他雖沒有沖繩人黝黑的膚色，卻有同樣的毅力，硬是在美軍普天間機場的邊緣，向基地內

凸進去一塊五百多坪的土地，搶蓋出一棟美術館，這種「搶地」的狀態既迷人又極富戰略性。這可能是地球上迄今為止我所見過最浪漫的建築。佐喜真美術館也許可說是最具現代主義標誌的亞洲式建築，拋開十九世紀倫敦萬國博覽會的水晶宮、巴黎鐵塔以及1926年德國德紹的包浩斯功能主義建築那一整套脈絡和包袱。也許亞洲從來不需要西方那種現代主義來「現代」我們的世界，過度強調功能主義的建築將會成為一種新的矛盾辯證法，加速世界的崩壞。

但這個世界的發展不就是奠基於「矛盾」關係之中嗎？例如有人升官發財，就必然有一群人無法升官發財。正因為這樣，就必然有一群人因為無法升官發財而去擺攤開計程車搶銀行然後殺死自己的母親……我回想起自己所成長的城市裡，那些醜陋、擁擠而發出臭味的雜亂建築，那些不也被我們稱為現代主義建築而冠之以「大台北華城」、「美河市」或者「我愛紐約」？可是這套矛盾發展法則在亞洲又像被徹底超越了，亞洲不會再有矛盾的顧忌，不會只有功能的考量，亞洲城市像資本輻射污染下漲大的酷斯拉，例如中國鄂爾多斯的「鬼城」，例如近日香港希望在大樓與大樓之間的縫隙（也就是台灣理解中的防火巷）插入「像線一般細」的建築……。

幾天後，山口泉先生開車載我們前往北方的高江村，一個被好幾座美軍魚鷹式直升機基地入侵的淳樸村落，我再度想起兩年前在中國，廈門美術學院研究員指著鼓浪嶼對我說：「那個島被殖民主義強姦了幾百次。」當我來到高江村，這個經歷越戰時期的叢林訓練場到今日興建直升機基地，同樣被美軍強姦幾百次的小村，忽然有了「這裡跟鼓浪嶼一樣」的想法。我們來到高江村外的四號帳篷，七十號公路劃開了高江村及美軍北部訓練場，高江村民就地在訓練場附近搭了好幾個帳篷，用來阻止直升機基地工程的擴建。這種憑藉幾頂破爛帳篷來阻擋地球上最強

的美國軍隊，如果是搞不清楚狀況的外人，不僅會認為是以卵擊石，有時甚至令人覺得有點滑稽。

居民石原岳先生提到，七年來的帳篷抗爭讓他清楚世間所有事情，從國家結構一直到自己的生命態度。常有人問他，面對美國這樣的加害者，弱勢的村民能怎麼樣？他說，不一定只有美國是加害者，每個人身上其實都住著一位加害者。日本政府史無前例地控告全部的村民妨礙國家建設，包含從未參加過抗爭的婦女及小孩，造成村民之間的矛盾，也讓他們在不斷的創傷中快速成長。但是即便身處高江村，我還是無法產生如石原岳那般的「清楚」，到底什麼是沖繩人？黃春明曾經提及，九〇年代他赴沖繩參加演講時，有一天站在海邊，大風之中，看到一只可口可樂瓶蓋高速由沙灘往海裡衝，驚訝之餘，他立馬撲向海洋用手抓住那只瓶蓋，發現瓶蓋底居然是一隻寄居蟹，他說，沖繩人很像這隻寄居蟹。

那夜，我夢見自己如同飛鳥般俯瞰沖繩。忽然間大地幻化為無數黑點，四處狂奔、溶解於海洋之中，原來那是組成沖繩的幾億只可口可樂瓶蓋。沖繩不見了，只剩下海洋及孤拎拎的美軍基地。

# 楚邊收容所

可悲啊，沖繩成為戰場，世間所有人的袖子都為你沾溼了淚水。

——〈屋嘉節〉歌詞

　　張正光投降後，被移往沖繩中部的楚邊收容，彼時已是六月中旬了。牛島滿中將率領的日軍已被壓迫到島嶼最南方的喜屋武半島，正做最後的困獸之鬥。6月13日，那霸市九千多名海軍防禦隊集體覆滅，海軍少將大田實在戰壕裡和其他五名參謀拉響手榴彈自殺，沖繩戰役這場大夢也準備收尾了。隨著軍隊南撤，民眾、鐵血勤皇隊、護理學校女子組成的姬百合部隊也隨之往南移動，在八重瀨岳、與座岳、真榮平、摩文仁等地建立起絕望的陣地，等待死亡。

## 俘虜

　　在前往楚邊收容所的卡車上，張正光看到一排排穿著黑色、深藍色破爛衣服的沖繩人，表情肅然地朝著北方前進。這些人看起來既無精打采又飢腸轆轆，跟渡嘉敷島的赤間山上看到的村民一樣，眼神都像從海裡撈上來的死魚般，空洞而白濁。戰爭僅用了一個多月就摧毀了他們世

93

照屋勇賢，《你－我，你－我》，沖繩，2000

代累積的一切，他終於見識到人類彼此毀滅的力量多麼巨大。押解俘虜的美軍GMC十輪大卡車，像一群疲憊的史前猛瑪巨象，步履蹣跚、吃力地行走在泥濘的路上。夏日午後陣雨落在砲擊過後的土壤上，星佈大地的城鎮就像洪水淹過的廢墟，看不到一個人，甚至聽不到一絲聲響。和張正光擠在同一部卡車上的俘虜，有些是留在那霸斷後的第二十四師團殘兵，有些是戰前臨時被日軍強行編入軍隊的沖繩人。坐在他旁邊的則是一位嘴唇發白、眼神渙散的水兵，剛從日本超級戰艦大和號沉沒時撈上來的槍帆兵佐佐木。

這位槍帆兵佐佐木，後來成為張正光收容所歲月中的摯友。在楚邊收容所那段期間，佐佐木總是不發一語，像一個過度驚嚇的孩子，同時也像一位參透世事、老練而沉默的老人，這種既老又少的雙重性格，導致他幾乎一句話也不願對人說。沉默，讓佐佐木在收容所裡人緣極差。但是張正光的際遇也好不到哪去，雖然神風特攻隊在日本軍隊裡的地位崇高，但由於張正光台灣人的身分，又只是學徒兵，使得一向重視國族、血統觀念的日本人視之為次等國民，一般是不願意跟他說話的。

楚邊收容所總共有八十餘頂六米見方的帳篷，每個帳篷內可容納至少二十五人，收容所總共容納了近千名來自各地的戰俘，有日本人、沖繩人，甚至還有朝鮮人、從馬來西亞俘虜來的馬共俘虜，近日更大量湧入南方半島戰事中投降的軍人，人種之多使得收容所像是瑰麗的人類學採集、陳列中心。收容所裡的日本軍人多半極為抑鬱，之前，信奉武士道的日本軍隊裡很少有投降的例子，可是當美軍向喜屋武半島做最後的推進時，日軍殘餘的士兵們知道自己末日將近，許多人開始絕望地走出地洞，舉起白布投降。

在此之前，日軍的抵抗幾乎超乎人類的想像。光是沖繩中部某一小小山頭的戰鬥結束後，美軍居然搜出了兩百多挺輕機槍以及八十多挺重

機槍，火力之強足以毀滅一個城市。由於美國在此次作戰中傷亡空前慘重，因此對於日本戰俘的管理也極為野蠻，佐佐木便因為不善言詞、不懂敬禮，多次被美國士兵推到收容所的糞坑旁邊，徹夜罰站、聞糞。另有一位來自廣島的第六十二師團士兵更因為嘗試逃跑不成，被美軍私下將其全身塗抹蜂蜜，經歷三天三夜螞蟻的啃食，最後在痛苦中死去。六十二師團曾在中國駐紮許久，參與過大規模的「一號作戰」，成員多是久經沙場的老兵，但卻在此次戰役的一開始就在美軍的「鐵雨」下灰飛煙滅。都是一場夢，張正光有時候會懷疑究竟自己身處何處？幾個月前他還在大阪島の工業高校，積極進取地學著各種理工原理，妄想著回到台灣家鄉光耀門楣。甚至，不到一年之前他還在家鄉過著追逐紅蜻蜓的生活，現在卻忽然身處地獄般的收容所。

楚邊收容所生活條件並不好，六月是沖繩的盛夏，俘虜身上的汗臭、糞臭，臨時墳場的屍味、美軍施用的化學消毒藥劑，混合成一種難以言喻的氣味。張正光想起在宇佐基地的時候曾經遇到一位到過南洋作戰的安倍少尉，安倍少尉有著狂熱的大日本帝國思想，常常指著天空說：「今天的藍天白雲是明天美軍飛行員的墳場。」記得安倍說過一個氣味的故事：他在南洋拉包爾大本營時，曾經目睹一艘中國開來的「地獄船」，船上大約搭載一千名中國士兵俘虜。安倍自豪地說，當船靠到拉包爾基地時，他發現那一千多名中國士兵俘虜，噢，不！應該是一千多隻豬，那些豬有的參加過上海的四行倉庫作戰，有的是從中國浙江的衢州會戰抓來的，這些豬現在全像綿羊一樣擠在船底。他說，從中國上海航行到拉包爾這一個月以來，日軍派了一位士兵守著樓梯不准他們上來，由於船艙沒有廁所，他們大小便都從褲子裡直接拉出來。一千多人、一個多月來的尿液及糞便全橫流在艙底，那種味道簡直臭到無法形容。說到上「地獄船」視察這些中國俘虜時，安倍顯現出一種怪異的驕傲感。

# 島唄

　　戰爭後期，由於局勢不再緊張，收容所逐漸允許娛樂活動的存在，形式之多樣令人瞠目結舌。例如戰俘們自己組成了「南十字軍樂團」，甚至組織一個名叫「楚邊巨人」的棒球隊，成立了「楚邊演藝場」，不定期進行戲劇演出以及相撲比賽。縱使如此，監禁的歲月就像老年餘生般，充滿死亡與不確定感。慢慢地，人們在沒有明天的歲月裡逐漸也發展出一套慰藉自己的藝術。鄰近的屋嘉收容所傳出了一首叫〈屋嘉節〉的島唄，那是俘虜裡的沖繩人，巧妙地運用美軍食用過的牛肉罐頭空罐，加工製成的三味線彈奏出來的。

　　〈屋嘉節〉第一句是這樣唱的：「可悲啊，沖繩成為戰場，世間所有人的袖子都為你沾溼了淚水。」這首歌不知道為什麼也傳到號稱「第二屋嘉」的楚邊。像是啟蒙一樣，楚邊收容所裡的人們開始瘋狂收集美軍用過的空罐頭，利用絲線揉成的弦，製作克難的三味線樂器，並用它來彈奏〈屋嘉節〉。此後，楚邊到處演奏著這些懷想戰爭艱苦處境的島唄。在那段幾近於空白歲月中，每當張正光聽到這首歌謠，就覺得沖繩好像一條通往冥界的河、一條被戰爭工業嚴重污染了的水，他身繫囹圄，自己成了戰爭這條重度污染河川上一座漂浮孤島。這座孤島的邊緣，每天淤積著上游漂流下來，人們腐爛的眼珠、手指、小腿、肝臟、腸子……數量之多，幾乎足以形成新的土壤層了。

　　後來，安倍少尉也死了。說來荒唐，一生報效帝國、信奉天皇的安倍，死因居然是與同帳篷的俘虜爭奪一塊沾了一點點蜂蜜的麵包而大打出手，那鮮美的糖味總是令收容所裡的人銷魂蝕骨。在帳篷裡激烈扭打的過程中，安倍不小心被推倒在他私下用來藏食物的桌子，撞到桌角而昏死過去。在缺乏醫療供應的收容所裡，昏迷其實就等於死亡。頭皮的

傷口讓他開始發高燒，並在三天後就悲劇性地死去。帳篷的同僚們幫他整裡遺物時，發現床底下有一個箱子，裡面收藏著許許多多明治牛奶糖的空罐子。

大和號來的槍帆兵佐佐木也在幾天後死去，死法更離奇。

一天早上，張正光突然發現睡在身旁的佐佐木口吐白沫、呼吸停止。空洞、茫然的臉上還留滿楚邊收容所蚊子叮咬過後的包痕，佐佐木顯然是在睡夢中死去。看到這一幕，張正光顯得不知所措。他想：「人能好好的睡到死嗎？佐佐木死前夢見了什麼？」他淹沒於所有關於佐佐木死亡的想像，佐佐木是不是夢到大和號水兵同袍們在不到一個小時之間集體溺斃，就像他在「菊水三號」自殺攻擊時所見，鈴木同學的飛機、肉體在他身邊爆炸開來的場景一樣，以至於活活「睡死」？

## 夢

面對佐佐木死魚一般的眼睛，張正光與佐佐木的腦袋在此刻似乎相通了。他昏沉地在佐佐木一旁睡著了，並且意識到自己正夢見佐佐木生前最後的夢境。夢境中，他看到佐佐木寂靜地在楚邊收容所的路上走著，忽然間轉向安倍少尉生前居住的帳篷，掀門進入那個黑洞一樣的世界。佐佐木進入帳篷的那一刻，整個夢的場景忽然快速切換著，好像有一個熟練的劇組在背後調度這一切。場景切換到幾天前才死去的安倍少尉的另一個夢境中。啊，原來佐佐木夢到安倍的夢，在層層疊疊的夢境中，張正光似乎抓到了一些方向。

那是一個冰冷無比的世界，安倍穿著棉質的土黃色軍服，配著森冷的武士刀，站在開往拉包爾的「地獄船」船艙裡，冷靜地監視著船底那千餘位中國士兵。這些豬已經整整一個星期滴水未進，許多人是喝自己

的尿撐下來的，這時候佐佐木驚訝地看見安倍少尉丟下武士刀，拉開自己的褲襠，拿了一個軍用鋼杯，居然也學中國士兵開始喝起自己的尿。安倍在喝完尿之後，忽然意識到佐佐木在一旁觀看著，於是他用舌頭舔乾自己嘴角的餘尿，轉向佐佐木笑道：「這是夢。」在那一瞬間，船艙底層中國軍隊的尿液忽然滿出來了，像海浪一樣衝向他們。

場景又急速收縮回到佐佐木自己的記憶中，他忽然回到大和號在沖繩戰役進行自殺攻擊的死亡時刻，三百多架美軍飛機像蒼蠅一樣圍繞著這艘油料不足、氣若遊絲，同時是人類史上未曾有過的巨大戰艦輪流投彈。三千餘位船員在甲板及各個船艙間瘋狂的奔波，許多船艙出現了破洞，海水像「地獄船」裡中國士兵的尿液般噴進來。不久後，大和號如同一隻受傷的鯨魚，在兇猛的鯊魚群嚙咬之下，逐漸淹沒在染紅的海洋。那一刻，吳港的回憶、第一艘有冷氣的軍艦、「大和旅館」的暱稱……全部成為泡沫。在有賀幸作艦長下令「全員上甲板」（棄船）的指令之後，甲板上巨型主砲裡的彈藥因為船身傾斜而爆炸，這一超級大爆炸，將甲板上的佐佐木及其他無數的同僚一起炸飛到湛藍的東海裡。

龜崙嶺一景

台灣

樹林博愛市場，2015

# 博愛市場

藝術與理論幾乎剝奪我過去的一切，以至於連回憶自己成長的樹林都顯得困難重重。今日想來，我在樹林的成長歷程不會只是曾經活在一個地方而已，對它的回憶，簡直是一只魍魎。

## 魍魎

母親常說，當初她和父親從台東鄉下坐火車到台北打拼時，是「提著一只皮箱」上來的。我約略知道自己出生在現在的樹林中山路，靠近縱貫線鐵路的消防隊一帶。有記憶以來，我們家就在縱貫線鐵路旁邊一間租來的破舊磚屋，父親那時已在水泥工地工作，母親則開始在樹林市場賣內衣。小時候生活條件很差，母親也常抱怨，只要外面流行什麼疾病，我和哥哥一定會「趕上流行」。記得剛上國小的時候，有一次父親從工地回來後，我跟他說自己又感冒了，事實上當時我好像已經連續感冒超過一個月吧，由於每次去診所看醫生，都要打二百五十元一支的退燒針，價格相當於當時水泥工一天的薪水。父親當下憤怒地將我趕出門，當我哭著衝出家門口的時候，父親又好像突然後悔了般，衝出來將我從門口拉回去。

我的成長歷程和陳界仁那個時期雖然不太一樣，但差異中仍存在著模模糊糊的類同感，至少從戒嚴經驗來說是這樣。陳界仁所談的絕不單是解嚴這件事情，他是一位少有如傅柯般有種鑽石般閃爍的複雜思想者。我想，他想說的是戒嚴背後某種「朝向未來」的歷史性構造。陳界仁如同這場殘酷世界嘉年華的見證者，站在遙遠的地方指出這場遊戲的荒誕，指出結構性、延續性的生命政治確實存在，好像總有個人在你生命的各個階段告訴著：「離開自己」、「要快樂」、「要往遠方去」……因此，我們的生命不斷地在各種模式、地點，各式各樣的時空環境下流離。譬如我的母親吧，十六歲時和父親從台東縣大武鄉的西勢湖坐火車北上找工作，投靠當時住在樹林「鴨母寮」的二伯。那個時候的「鴨母寮」位於大漢溪沿岸的氾濫區，因此有許多的沼澤地，衛生條件極差，我們等於住在疾病的溫床，後來不知道什麼時候又搬遷到樹林鎮前街鐵路旁邊的公寓租屋。

　　母親在十九歲時生下哥哥、二十一歲時候生下我。自有記憶以來，她就在現在的樹林博愛市場擺攤賣內衣，從鎮前街的租屋處到博愛市場大概有一公里吧。每天早上，母親都會騎著一輛大型三輪車到市場擺攤。當時的博愛街還留有許多日治時期留下來的兩三層樓高建築，而市場本身則是在一條叫做「後村圳」臭水溝上面加蓋出來的，這種不顧環境的加蓋法其實很有台味，市場充滿著當年經濟起飛時的拚命感。

　　我的童年在市場裡消磨了許多時間，自從成為家中可用的「勞動力」開始（約莫是國小三年級吧），每天放學以及例假日，我都必須去市場幫忙擺攤。擺攤是一件非常複雜的事情，首先我們得架上七、八個A字形的鐵架，然後將幾種不同形狀的三分木板平鋪在鐵架上，將內衣、胸罩一盤一盤擺整齊，並且在旁邊架設大片網狀物，將半身式的內衣一件件掛上。最後再從倉庫抱一具只有穿胸罩內褲的模特兒，穿越

人來人往的街道拿到攤位擺放（這是我最痛苦的一件事），最後搞完接電、架燈、掛模特兒人……整個時間大約耗時一個小時，若是遇到下雨天或寒流，可能會弄得更久一點。

## 內衣攤

由於母親老愛進一些有的沒有的內衣款式，從阿嬤等級的土色勇壯四角內褲、感覺可以抵擋子彈的超厚胸罩，到不知道有穿沒穿差在哪裡的透明網紗內褲，甚至還有連身式的透明內衣、褲。這些有的沒的的東西，逐漸導致她的攤位愈擺愈大，乃至於增加擺攤時的許多困難度。父親一直抱怨母親的內衣攤是全台北縣最大的，這一點不僅我們家人，整個市場其他擺攤的人都同意。在「十嘴九尻川」的市場裡，要取得所有攤販一致同意是多困難的事！但母親總是反駁說：「安捏才有人會買啊！」可以說，是母親那攤超級大的內衣攤養活了我們。父親水泥工的工作總是時有時無，收入不穩定，有時候沒有工作的他也到市場賣賣其他東西。記憶中，父親曾經賣過高跟鞋跟錄音帶，只要他同時在市場賣東西那段期間，因為要同時幫忙擺兩個攤位，我的痛苦指數就會飆高。

安德烈‧紀德在他的回憶錄《如果麥子不死》裡，因為思索童年的某一件事情，被困在現實上已然消失、或因為種種因素再也難以回溯的諸多場景之中，他突然抱怨了一句：「生命好像被什麼騙了一樣。」若要仔細回憶樹林市場的各個場景，也出現了這種困境。關於三十年來，母親在博愛市場攤位變化的程度，在我腦海中形成一個迷宮。內衣攤位有時候在西藥房前，有時候在服裝店前，有時候又在中藥房前，有時候甚至又在水溝蓋的中間……她存放那些寶貝內衣、胸罩的倉庫也變了好幾次。忽這忽那、形形色色，形成一堆一時難以拼湊起來的巨大碎片。

我的印象中，最鮮明的是攤位在中藥房前那段時間。那時候國小下課擺完攤以後，因為中藥房老闆跟父母親很熟，我都會在藥房混一陣子才回家，對藥房櫥窗裡的乾燥蜥蜴、蛇、鱉，還有一些黑嘛嘛的不明生物特別有興趣。

早期的博愛市場有許多長形的日式建築，有點像現在的三峽老街那樣。記得一次，母親向一家賣西裝的長條形日式建築租了一個最後方的倉庫放內衣。意思是說每一次擺攤的時候，都要將四到五輛沉重、載滿數千件內衣褲的推車，沿著極為狹小的通道從最陰暗的倉庫推到外面的街道。我生命中某些時刻，彷彿與這種黑暗中推著幾千件胸罩、內衣前進的奇怪畫面關聯著。自國小三年級以來到研究所二十幾年間，市場、擺攤始終像幽靈一樣纏繞著我。

往後的日子裡，時而夢見樹林的博愛市場。在那裡，我通常只是站著，像一個迷路的人。

## 自由市場

慢慢地我才知道，母親內衣攤位的沒落與台灣自由貿易的開放、大批廉價中國內衣充斥於市場有關。進入大學以後，她不只一次抱怨生意的衰落，彷彿那些與我一輩子緊密關聯的胸罩與內衣忽然間失去了它們該有的高貴與美感。九〇年代後期，母親的攤位已經進入「三件一百」的狂殺賤賣階段。可是攤位、倉庫租金、警察罰單、市場黑道定期的騷擾卻不曾中斷，再加上附近住家三不五時向議員投訴，希望遷走博愛市場這個「都市之瘤」，各種壓力下，母親開始出現莫名且長期的挫敗感。

有一次在攤位看到內衣堆裡藏了一把水果刀，我感到非常驚訝。一向祥和、認命的母親藏水果刀要做什麼？她被發現後只是有點不好意

思，淡淡地將刀子塞回去，不願多說什麼。總之，因為大環境的不景氣，母親似乎認為自己在賣一種很廉價的東西，我覺得那不僅是價格的問題，而是一整個關於生活信仰逐漸崩潰、瓦解的問題，隔壁攤賣米粉湯的阿姨曾告訴我：「你媽媽最奇怪了，她擺了台北縣第一大攤的內衣，她很喜歡擺，可是她都很不喜歡客人來買。」

　　我終於瞭解，自己人生重要的轉捩點、慾望投射、藝術……幾乎一切，完全跟我所成長的樹林這個地方沒有關係，導致我回憶它時，居然變得如此不真實。而那些一點一滴構築成我的感覺、真理體系的，其實是一種向外出走、競爭型的東西。時代決定了我們，當九〇年代以後台灣社會政治熱潮逐漸趨緩，取而代之的是經濟上的追逐，我們已經注定與上一代不同，甚至連思想都不一樣了。

　　這麼多年後我才知道，所有我們認為的創作，都在引領我們走向一個新的世界，而每一個「新世界」的構造，或多或少都奠基在排斥、排除著另一個所謂的「舊」世界。最終經過所謂「專業」的藝術學習後，我才忽然驚覺，恰恰是理論與藝術剝奪掉過去的一切。那是在樹林博愛市場逐漸成為魍魎以後，在遠方向我指出的。

梵天，鎮安宮

# 布拉哈瑪

時間開始倒退
在收縮階段人們會顛倒著活
他們會死在出生之前
當宇宙縮小時重獲青春
最終回到子宮

——史蒂芬・霍金

佐佐木死後，張正光的楚邊收容所歲月已經剩下等待枯等死神何時的降臨，但此時幸運之神反而卻眷顧了他。由於台籍士兵的身分，張正光很快地被送回到台灣，一樣因為飛機「衝過頭」而沒能撞上美國軍艦，同樣沒死的岡山隊長則被關在不遠處的屋嘉收容所，等待受審。

## 鄉愁

出了收容所，看到沖繩戰後的大地，張正光實在沒法相信，一個地方怎麼可能被炸得這麼徹底、這麼爛。整個島嶼簡直就像剛剛挖好的大

型墳墓一樣，許多新土一般的地方還不時飄出腐肉的味道，島嶼因此又像一座荒廢已久的超大型肉品屠宰場。三十二軍十萬人馬加上十多萬的沖繩居民，居然全部玉碎，深埋於沖繩的土壤裡。

太平洋戰爭算是結束了，天皇、玉碎與那些奇奇怪怪的特攻隊，像一堆恐怖扭曲的畸形兒一樣，慢慢爬出戰爭的舞台，連鈴木奇怪的身體爆炸畫面、二郎被砍頭、佐佐木因夢中夢而嚇死……這一切都成為過去式了。1945年底張正光從那霸港坐上美軍灰色的登陸艦開往基隆。返鄉前他顯得緊張起來了，他想，經過這場戰爭，自己是不是也變成家鄉人眼中的畸形兒？

十月初，他終於輾轉回到心中思念已久的彰化縣田尾鄉。那年，台灣逐漸從美軍密集的轟炸中甦醒過來。街道上的人們瀰漫著一股既興奮且徬徨的怪異氣氛。過去威嚴的日本軍人、警察忽然變得不足為懼，街道上來回的中國人也讓人感覺到一股奇妙及陌生感，如同一齣準備上演的新戲，一切顯得極為不真實。

鄉愁是一種很奇怪的東西，有些人稱之為「故鄉的疾病」，它帶給你對故鄉一種自己也沒有辦法控制的希望、繫念，讓你為她魂縈夢牽，可是鄉愁也會在你回到朝思暮想的地方之後逐漸消失。真正鄉愁給人們的隱藏傷害，並不是思念的苦澀，而是當你回到故鄉時，發現人、事、物與鄉愁病裡的模樣有所落差。張正光回到田尾之後，也有著說不出的失落，故鄉台灣的面容忽然變得醜陋起來。雖然卡桑好像撿到一個兒子一樣的興奮，可是他也看到卡桑臉上隱約的愁容。那年，台灣雖然「光復」了，但是忽然而來的通貨膨脹卻壓得每個人喘不過氣來，中國大陸風起雲湧的國共戰爭已經開始影響台灣的金融。對於處在大時代的卡桑而言，什麼國府綏靖、共產黨，一點都不重要，亂世之中她只想好好地存活下來。

張正光返鄉之後，不久就面臨通貨膨脹時期「四萬元舊台幣換一元新台幣」事件。臺灣銀行為了因應戰後島內的金融爛攤子，加上中國內戰逐漸白熱化，開始施行了此般「金融改革」的強制策略。這是一種比東京大轟炸更奇怪的東西，張正光再度想起沖繩戰役駕機自殺衝鋒時，在他身邊不遠處炸成為碎片的鈴木同學，那揮之不去的畫面，當鈴木跟他講東京大轟炸的時候，那張稚氣的臉在瞬間裡，也曾出現人類最深沉的恐怖感。鈴木說昭和20年3月那一次，也就是他離開東京來到大阪之前的那次轟炸，整個東京幾乎全毀，幾天後報紙寫到，東京總共有八萬多人瞬間變成人肉木炭……「太恐怖了，也許是因為所有的人都哭不出來吧，那種安靜的感覺，就像只剩鬼在哭而已。」張正光瞬間想起鈴木說這話時稚幼的臉龐。

　　瞬間啊瞬間！有那麼多的瞬間，可是它們組成了一個「什麼」呢？

　　「四萬元舊台幣換一元新台幣」，也是一瞬間就發生，使得這個島嶼的人一夕之間全部陷入一貧如洗的絕境中。卡桑一生的積蓄忽然變得只夠買一籃雞蛋，導致張正光必須定期前往附近的教會，和其他一貧如洗的鄰居一起排隊領美國麵粉回家做麵條。這幾年發生的事情讓所有人都抓狂了，他原本以為離開莫名其妙的神風特攻隊、楚邊收容所，回到溫暖的南國後，生活會好過一點。可是沒想到一瞬間他與鈴木就從大阪被調往宇佐成為皇軍，一瞬間鈴木在他的身邊不遠處爆炸了，當他回到朝思暮想的台灣以後，一瞬間大家又變得一貧如洗。

## 布拉哈瑪時間

　　一瞬間有多長？

　　據說，在印度的Hindu宗教裡面有一種複雜的時間週期計算方式，

它的基本觀念叫做Klapa（佛教翻譯為「劫」）。每一個Klapa平均有四億三千二百萬年，稱為一個「布拉哈瑪晝」（Day of Brahma）、或者「一千個瑪哈瑜伽」（Mahayugas）。兩個Klapa則構成了一個「布拉哈瑪晝夜」，也就是八億六千四百萬年。記載印度摩訶婆羅多王的《摩訶婆羅多》史詩裡，十二個月的「布拉哈瑪晝夜」構成了摩訶婆羅多王的一年，而一百年的「布拉瑪晝夜」則構成祂的一生，也就是三兆一千一百零四億年，而每五十個「布拉哈瑪晝夜」世界就會毀滅一次。在Hindu教龐大的時間數目裡，「時間」本身並不真的那麼具有實質意義，是一種超乎科學想像的「外邊」，也不盡然是西方哲學裡所談的時間點滴的「肉身化」。相對於布拉哈瑪時間，西方的時間觀畢竟仍屬科學主義，至少不會動不動就出現三兆一千一百零四億年來恫嚇人們。可以說，布拉哈瑪時間否認科學，否認時間像水一般流逝。這種肯定虛空、否定時間具有線性意義的想法，支撐了輪迴信仰的產生。

那麼，瞬間又是如何？

傳說布拉哈瑪既是後來的地藏王菩薩、又是梵天，而布拉哈瑪本身沒有母親，祂是由水上漂流的一顆「金卵」中誕生的，而不是我們現代醫學常識判斷的從母親懷胎十月而生。這是一種「無來」的想像：既無來，則無去。優美的傳說開創了人們慣性以為只有朝向死亡一途的機械性感覺。梵天好像用祂八億六千四百萬年的生命週期告訴我們，瞬間之中有無數的瞬間，只是我們不懂。

「鈴木的飛機爆炸的時候，那一瞬間他在想什麼？之後他又去哪裡了？」張正光免不了想到這些。

這一些瞬間與瞬間的關係：梵天、無來……張正光是不懂的。可是有時候他又覺得，自己就生活在一種巨大而重複的結構裡，很多事情好像都曾經發生過一樣。「光復」後台灣的變動太大了，幾乎也可以說是

瞬間即變，諸多社會問題終於在瞬間併釀成1947年的「二二八事件」。這個社會好像一下子變得令人無法忍受，特別是對於張正光這位鄉下青年而言更是如此。

　　他知道「二二八事件」是從廣播的管道，聽說好像台北廣播電台（現台北二二八紀念館）被人家奪取下來了，就用那個電台進行廣播，他還聽彰化的朋友暗中提起，有一位隔壁鄉的花壇人叫做蔡孝乾，當時在建立中共台灣工作支部準備支援「二二八事件」。他本來想去加入蔡孝乾那些人的祕密組織，但是自從台中謝雪紅的二七部隊被打垮了以後，到處都在搜捕共產黨員。參加過自殺攻擊已讓他生命中不想再冒任何風險，他選擇沉默地等待這場風暴過去。

# 龜崙嶺

龜崙、霄裡、坑仔諸番體盡癯亞，趨走促數，又多斑癬，狀如生番。

——黃叔璥，《台海使槎錄》

　　光是回憶博愛市場已經弄得我疲憊不堪，倉庫、擺攤、推內衣車的畫面，這些支離破碎的影像構成巨大的迷宮。我記得，好像羅蘭・巴特在朝向後結構書寫模式時，總愛用「迷宮」的概念，可是那又怎麼樣呢？我們能夠從迷宮之中找到建造迷宮的人嗎？有這樣一個人或神嗎？或者一切只是人們集體意識的催動、變化以及轉彎。羅蘭・巴特的「迷宮」其實沒有給人足夠的答案，真正的問題似乎是：我，一個這樣的我，能夠憑藉什麼走出迷宮？

## 帕金森氏症

　　隨著慢慢長大，博愛市場的記憶也變得遙遠起來。我那些推著奇奇怪怪，無論是二輪或四輪的內衣、胸罩推車穿梭在市場上的日子，也隨著當兵，進入研究所，獨立進行藝術創作後慢慢消失了。妹妹從附近的樹林南亞塑膠廠離職以後，跟她丈夫接手了內衣攤的生意，母親也隨

龜崙嶺一景

之退休，獨自住在三十多年前買的滿平街公寓，緊緊守著一輩子辛苦累積、僅存的一塊物質記憶的小天地。幾年前，母親莫名其妙得了帕金森氏症，在亞東醫院檢查的時候，醫生說不到六十歲的人得到這種疾病的機會並不太多，可能是化學污染或者其他更為複雜的原因。

「什麼化學污染？」我納悶著。

依循這條微薄的線索，一段時間後我忽然想起，大概國小三年級的時候，有一天，不知道為什麼父母在客廳強烈爭吵，我有點害怕地稍稍打開房門偷看，門縫中看到父親舉起一把刀停滯在空中準備朝母親揮下，而母親則用雙手拚命抵住舉刀的手。那時我的身體瞬間無法動彈，心裡也沒有害怕的感覺，只有一種完全的茫然、麻木。那次爭吵過後幾天，母親買了很多殺蟲劑朝自己的嘴巴噴，試圖自殺。有時候噴一噴又吐出來，我一個小朋友當時也懂得跑去阻止她，可是過了不久，她又跑去拿殺蟲劑往自己嘴裡噴。可能是這個化學污染導致母親今日的帕金森氏症？

無論如何這些事都過去了，父親也走了。父親走了以後我有一股衝動想搬離樹林。可是終究做不到，哥哥被通緝逃亡大陸，母親獨居，我最終還是選擇留在樹林，貸款找了一間工作室，順便就近照顧她。我的前半生就像一片奇形怪狀的葉子，曾經被忽然捲起的風帶到遠方，但沒想到又倏忽地，這陣風將我迴旋般帶回樹林龜崙嶺的山腳下，至今我就居住在那座長得像烏龜的山邊。


## 烏龜


現在居住的地方，緊鄰著樹林人的登山熱門地：大同山，但是我更喜歡它的古稱：龜崙嶺。必然超過一百次吧，我曾步入龜崙嶺。

若從很遠的地方看（譬如說從土城山上的承天禪寺遠眺），便可以看出龜崙嶺綿延的山勢，突出、獨立於樹林、鶯歌、林口、龜山的住、工混合區一帶。在眾多工廠圍繞下，龜崙嶺好像一隻遠古時代從湖底冒出來，驚覺自己爬錯地方的老龜，環顧四周不知道該怎麼走，於是停頓下思考自己的「爬向」。這隻綠色老龜這麼一頓、一想，就是千萬年。千萬年過去了，牠還停在那裡，用前所未有的優美及迷惘，告訴人們什麼是瞬間。曾經居住在牠身上的凱達格蘭族龜崙社如今也已經完全漢化。周遭逐漸冒出來的，是我有記憶以來，關於樹林這個小城市邁向台北衛星工業城市過程中的骯髒東西。所有這些零零碎碎工廠，南亞塑膠廠、味王食品公司、潭底木材、家具加工出口區，以及夾雜在其間的公寓群落，構成了我在樹林成長過程中的物質記憶。但是巨大的龜崙嶺就像跟周遭的工業區完全沒有關係，牠不懂今夕是何夕，只是任由人們在牠身上開膛剖肚、建路建廟。

我喜歡這隻無限迷惘的老龜，雖然龜崙嶺這一帶的山區並不特別美麗。劉克襄在《北台灣漫遊：不知名山徑指南II》曾經提到一篇（也是唯一）關於龜崙嶺山系的登山經驗，篇名為〈牛埔山、牛埔尾山縱走〉：

繼續向前行，小徑寬敞，山頭乾燥，景觀如福州山之清爽。相思林為優勢植物，其他都是福州山亦能看見之尋常種類。五分鐘後，抵岔路，往右走稜線。蛛網密生小徑，走得很不舒服。山路顯然久無人跡。路況勉強清楚。稜線上芒草愈來愈密，老天！這樣的路，再好的心情都會走壞的！

牛埔山、牛埔尾山就位於樹林的山佳車站後面，我也曾獨自走過，經驗雖不像劉克襄那樣陷入困境，只是覺得這座山令人感到平淡且乏

味。龜崙嶺墳墓多就算了，尤其是那滿山的卡拉OK簡直令人生厭。有時候你在這個山頭，會聽見隔壁山頭傳來「我沒醉我沒醉沒醉，請你不用同情我……」的台語歌聲。我曾經才華洋溢地寫了一封投書給當時的樹林市公所，要求這些公務員「正視大同山滿山遍野卡拉OK的問題」。可是後來才發現，原來母親也喜歡到山上唱卡拉OK啊。妹妹私下透露，母親在父親走後，她愛玩的本性才逐漸顯露出來，妹妹說母親「跑遍樹林所有卡拉OK」──「忘情99」、「今聲今世」、「今夜星辰」、「星星知我心」……一堆名字簡直可以拼湊出一部台灣近代連續劇史的歌唱店。甚至連山邊步道旁那種根本講不出名字的棚子，只要有一台卡拉OK機器，她就好像磁鐵一般很快被吸過去。不只如此，母親還曾跟一群朋友計畫在山上搞一間卡拉OK讓大家一起唱個爽。因此，為了避免被人家認為是個不孝子，我個人從此就主張龜崙嶺山區開放卡拉OK了。

## 走山

經過很長的時間，超過百次的步行、穿越之後，我才發現自己開始長得有點像這隻原地不動、迷惘的烏龜。2007年放棄即將完成的研究所學業那一天，我憂悶地走向這座山，在一條山路旁的大樟樹下，撿拾三月剛落下來的樟樹果子，放在手上，靜靜想了很久。後續因為身體的不適，我更加頻繁地入山。有時候因為卡在許多人間瑣事沒辦法跑到更遠的三峽山區時，居家旁邊龜崙嶺的山路步行，往往為我憂煩人間雜務時，給了很大的助益。我常想，步行這事情應該不僅僅是爬山健行，也不應該只是人們為了想從自然裡面得到延年益壽的好處而已。步行應該是一種禮拜、儀式，用自己的汗水滴進山的土壤裡，好讓山知道有人景

仰她。也因為這樣，我特別敬仰山裡面生存的人。龜崙嶺這種台北淺山裡面，可以遇見許多依山傍水耕種的農夫。每當此時，我都盡量停下來跟他們打招呼，雖然我的知識總是跟不上他們在山裡面耕種、求生的種種技能，但是與他們說話，總令人感到如沐春風。

　　龜崙嶺的山路錯綜複雜，有些是土路，有些是農用車、發財車出入的產業道路。時常我走到靜謐、無名的小溪谷，還可以發現稀有的台灣藍鵲、魚狗。也有一次在附近牛灶坑山的野溪發現保育類的魚類，有著「一支花」美麗外號的台灣馬口魚，心中感到非常喜悅。自從許多外來魚種被人任意放養在台灣河川以後，這種代表著水質清澈的台灣原生種小魚，據說僅在東部一些溪流才看得到哩。但是走在這些產業道路上，時常又像走在一道又一道人們在烏龜身上開鑿出來的傷痕上，有時候會遇到一堆堆被人偷倒的工業廢棄物、工地裝潢的廢料、剝爛的電線皮、一包包家庭垃圾……如是，步行成了觀看一齣野蠻與文明的現代啟示錄。終究，烏龜不會說話，我的步行則更像是依偎在這隻古老烏龜龜殼受傷的紋路，靜靜聽牠那自古以來即發出的、無窮無盡的靜謐之聲。

　　這隻迷惘的烏龜，在這麼貧乏無奇的山野裡面，依舊散發出自然世界特有的、令人感到舒適的明確性。

# 溪州戲院

　　日治時期，彰化溪州鄉即是一個以糖業著稱的地方。那時候，台灣四大家族之一的板橋林家，在林熊徵主導下成立了「林本源製糖和名會社」，於溪州這塊濁水溪流經的富饒之地，蓋了一間名叫「溪州糖廠」的巨型工廠。

## 糖廠

　　在「工業日本，農業台灣」的殖民策略下，這座佇立於嘉南平原的「溪州糖廠」，鄰近莿仔埤圳，有著兩根一柱擎天的煙囪，由於煙囪管一黑一白，因此當地人們戲稱為「黑白管」。這些機器、零件、黑色白色或隨便什麼顏色的管子，正是帝國現代化具體而微的象徵。彼時台灣糖業並沒有國營制度，因此多半委託少數本土私人財團經營。由於缺乏固定的制度，往往發生收購甘蔗標準不一的情況，也容易引爆社會階級層面的衝突。1922年「二林糖廠事件」中，由於蔗農們不滿僵固的糖價收購政策，特別是位於二林、同樣由林家經營的糖廠，長期以偏低的價格強制收購蔗農一年辛勞所種植的甘蔗，終於爆發蔗農與警方的衝突，導致後續如簡吉等人的「台灣農民組合」運動的誕生。

溪州戲院，2014

那段時間，回到家鄉田尾蝸居的張正光，為了養家餬口，開始重新拾起過去在大阪島の工業學校所學的技術，到處幫人蓋房子。同時，台灣戰後由於電影產業的復興，戲院的需求逐日增加。有一次，他受託前往鄰近的溪州鄉蓋一座戲院，戲院就位於舊有的「林本源製糖和名會社」糖廠附近的街上，也就是當地人口中的「會社街」。

「會社街」在戰爭結束前因糖業而繁榮，戰後台糖接營糖廠，把糖業的總部設在溪州鄉。因此，「會社街」戰後彷彿進入前所未有的繁榮幻影裡，有些人需要理髮院，有些人需要遊樂場，當然有些人也需要一座戲院。張正光參與了溪州戲院的興建，也重新回到久違的人間社會。那時街坊夜夜笙歌，「會社街」上充斥著酒家、酒吧、診所、旅社，當然也少不了工人、妓女、乞丐、扒手、通緝犯……當時的「會社街」已經有一家東方戲院，溪州戲院是為了滿足更多湧入糖廠工作的人們所興建。

戲院外觀採用象形法，售票亭以「笑臉迎人」的方式呈現了有趣的造型，好像一個樸拙臉面對人們。這時候的彰化平原也像這張笑臉，溪州鄉這個依偎著濁水溪的小城，就好像戰後從地面升起的雲朵一樣，充滿新生的喜悅。而張正光的這座小戲院也像一位新生的小嬰兒，在平原溫暖的懷抱中成長。

## 天乙宮

在物資貧困的五〇年代，電影對於生活在貧瘠土地上的人們是非常陌生的。那時候大多數人「看電影」的經驗，是由一台機器投射出一堆光影、聲音，講述一長串故事的奇幻旅程，通常是在廟埕或是廣場上，而且多半是在神明拜拜的時候才有這種福份。這種用三十五釐米放映機

戶外播放的模式，後人稱為蚊子電影院。張正光記得最早在田尾曾經看過一部蚊子電影，是在老家附近天乙宮前的大廣場。那天是農曆4月12日天乙宮王爺的生日。每年王爺生日一到，家鄉的人們除了忙碌於準備食物、鮮果祭拜這位保鄉佑民的神祇之外，不免也要請野台電影班子前來架銀幕放電影。

那一天的幸福場景，也許連張正光自己都會感到迷惑。傍晚時，村民在廟埕廣場用鐵網圍起了一個圈圈，數十人輪流不停將手中的金紙扔往鐵圈內焚燒。人們口中唸唸有詞，嘴裡祈求的無非是圖個平安、順遂的人生。張正光遠遠看著那些認識或不認識的村民，他們祈福時那幾十張不停開開闔闔的嘴，霎時構成了一幅溫柔、深邃的畫面。他忽然覺得，村民們都不像平常生活中那些熟悉又沉默的鄰居，此刻他們就是王爺。在經歷了美軍轟炸、「四萬元舊台幣換一元新台幣」、「二二八事件」後，此刻王爺化身在這些貧賤的村民身上。原本大家繞圈對著燃燒金紙祈福的畫面，忽然之間顛倒成為許多個王爺化身，一起面對燃燒的世界，唸唸有詞地化著眾生之苦。

那一刻起，一連串隱藏在生命深處的畫面，包含參加神風特攻隊的恐懼、不安，戰後回到家鄉所經歷的軍隊屠殺、清鄉……這些平常壓抑在張正光生命中不知名角落的東西，如同一齣哀悼劇在萬惡城市面臨焚毀前的最後一刻，冉冉從火焰廢墟中升起。1952年傍晚，彰化田尾天乙宮的廣場上，火球像火影跳動於銀幕，忽然間匯聚了他所掉落的記憶、影像、聲音、氣味，所有這一切令人感到既真實又虛構。

晚上，村民們用來款待王爺，也順便讓其他老老少少村民一起「娛神兼娛己」、「摸蛤仔兼洗褲」的電影，是號稱台灣第一部國語劇情片《阿里山風雲》，拍攝者還是兩位香港人呢。張正光第一次聽到《阿里山風雲》裡面〈高山青〉的悠揚旋律，加上歌曲中陌生、異國情調的國

語飄揚在夜空，忽然之間天乙宮廣場令人產生了令人迷失的快樂感。

「我是你們的通事，我勸你們、我要求你們，不要再出草殺人了。」片中飾演吳鳳的光頭男子，以奇怪的北方京片子對著鄒族頭目說。

這時候的張正光也才剛剛學會聽國語。《阿里山風雲》拍攝時間是1949年，國民黨在大陸崩潰的最後一年。電影還沒開拍，位於上海的電影公司就因上海保衛戰（共產黨稱之為「上海解放戰」）而決定放棄拍攝。導演張徹在後來的《回顧香港電影三十年》一書中，直言以吳鳳的故事作為劇本的《阿里山風雲》其實沒什麼好說的，除了那首後來不知道為什麼暴紅的〈高山青〉主題曲之外。後來我們都知道，吳鳳這件事不僅是誤會，還是一個穿越清帝國、日本殖民政府一直到國民黨時期素來沿用的謊言。不過當時的張正光並不知道他在看的是一齣捏造的謊言，他依舊對於這些活生生演員，如何被壓扁然後出現在隨風晃動的銀幕一事感到新鮮不已。

不論何時，戶外三十五釐米播放機投射出來的動態光影總是非常迷人，既真又假。但是機器帶來的新奇感並沒能吸引張正光的眼球太久，更別提電影的內容他不是非常瞭解。電影播到一半，他的眼神暫時離開發光的銀幕，回過頭看天乙宮前那團依然燃燒中的金紙火球。比起來，那團炙熱、帶著光度以及鄉人禱告、默唸詞語，在亞熱帶的平原上空跳躍著。

# 火車對撞

渾沌時代對每個人而言都是戰爭。先不談太平洋戰爭，1947年席捲全台的「二二八事件」中，彰化田中、溪湖一帶都有激烈的行動。有一位叫林才壽的學校教師，在溪湖組織了「青年自衛隊」，事件發生後前

往台中第三飛行場接收二十五發手榴彈以及六十四支步槍，準備與國民黨的警察及大陸調來鎮壓的中國陸軍第二十一師作戰。

林才壽後來被判了三個死刑，雖然老天眷顧讓他一再從鬼門關前死裡逃生。但是他的弟弟卻因為遭到國民黨特務誤認為是林才壽本人，被抓去嚴刑拷打而導致精神異常，像謝德慶一樣終身把自己關在家裡自製的囚籠裡。還有一位叫做楊良悔的收音機修理工人，因為無意間聽到林才壽的「青年自衛隊」從電台廣播號召大家出來反抗國民黨，便衝出家門加入自衛隊，從此下落不明。這場後世稱之為「三二事件」的嘉南平原「二二八事件」餘韻中，光是彰化縣警察單位所編纂的〈台中縣三二事件員林區轄內參加暴動奸徒名冊〉就收錄了一百零四位「奸徒」。其中，曾任台灣文化協會的醫生林糊名列首謀。林糊在被押到台中火車站面臨槍決前，用一張破紙寫下了關於世局之詩：

眼看河水已流東，一船西去一船東，順遂風波各不同，寄語順風船上客，明朝未必是東風。

這些流傳於彰化平原的事蹟，人們的魯莽、衝動、勇氣，像無法消散的影片一般儲存在張正光腦海深處。即便社會上大部分發生的事情他都只能做一位旁觀者，什麼事都不敢參加。但是無論如何，這些事情在他的腦中畢竟還是以某種神秘的方式刻劃、存檔下來。這些事對張正光來講全是「聽來」的。他自己也清楚，這些「聽來」的事情所產生的畫面、聯想可能全錯，也可能完全是虛擬的。不知道為什麼，好像沖繩的自殺攻擊不但沒有毀滅他，反而讓他擁有一種未知的超能力一般，使他在楚邊收容所時能夠跟槍帆兵佐佐木切換腦袋、切換夢境，能夠親眼目睹沖繩少年金城幸二郎頭被砍掉的前一刻，浮現在眼前生命中最後畫面

的光景。

　　現在，這個能力似乎延續到台灣了。他總是能夠「記起」那些完全沒去過現場畫面。例如員林長春醫院院長林糊被二十一師押到台中火車站槍決前、或者林才壽「青年自衛隊」的畫面，他並不在現場，但卻感覺好像記得，並且居然在五年後，也就是1952年傍晚的天乙宮廣場前那團金紙火球中現身出來。


　　自5月20日零時起，宣告全省戒嚴。除基隆、高雄、馬公三港外，省內其他各港口一律封鎖，嚴禁出入。基隆、高雄兩港市，每日上午一時至五時宵禁。嚴禁聚眾集會、罷工、罷課及遊行請願等行動。嚴禁以文字、標語或其他方法散佈謠言。嚴禁人民攜帶武器或危險物品。居民無論家居外出，皆須隨身攜帶身分證，以備檢查，否則一律拘捕。

　　戒嚴期間有下列行為之一者，均處死刑：造謠惑眾者。聚眾暴動者。擾亂金融者。搶劫或搶奪財務者。罷工罷市擾亂秩序者。鼓動學潮公然煽惑他人犯罪者。破壞交通通信或盜竊交通通信器材者。放火決水，發生公共危險者。未受允准，持有槍彈或爆裂物者。

　　　　　　　　——摘自「台灣地區緊急戒嚴令」，1949年5月19日


　　對於所有人來說，「光復」以後台灣社會基本局勢就是兩種族群、社會，換言之，兩輛火車的「對撞」。所有旁觀者皆無法真正抽身，全都無一倖免地捲入這場從語言、文化乃至於抽象理念、物質實力差異皆極為懸殊的火車對撞的場景中。「光復」以後，軍車來回穿梭於大街小巷對人進行身家調查，新聞不斷地傳出各地破獲共產黨組織，躲著共產黨的山林經常傳來低沉的鳥鳴。對於甚至只是聽聞這一切的人們來說，這些景象都成為生命、記憶無法消弭的裂口。

張正光腦中不斷回盪著「光復」這兩個字的意思，深深覺得這是一齣戲。從沖繩回台灣至今已經七、八年了，就像他所參與興建的溪州戲院一樣，這些年來島嶼彷彿一座封閉的電影院，擠滿國民黨軍人、軍眷、上海貴族、商人、台灣人、美國軍人以及只會說日語的老台灣人、山地人……島嶼戲院不斷播放著日語、國語、台語及英語片。天乙宮的王爺是否能理解，為什麼在這麼小的島上存在這麼多複雜語言？

　　溪州戲院蓋好後，有一次正值《瘋女十八年》電影上映，張正光也透過交情混進去看電影。比起過去天乙宮廣場的《阿里山風雲》，這次他記得很清楚了，《瘋女十八年》是一位發瘋的女人關進佛寺牢籠的故事，一關十八年。電影令他不斷想起平原中很多人，因為國民黨的逼供而被關在自己家裡自製的牢籠裡。

　　在「光復」這齣戲上演以後，那一年，三十萬名台灣人、高砂族從南洋戰場返回台灣。那一年，在台中火車站等待槍決的林糊自言自語：「我一生沒做什麼壞事，怎麼今天這樣的下場？」

陳鼎航（躺臥沙灘），頭城海水浴場，1986

# 哥們

　　廈門市中級人民法院審理廈門市人民檢察院指控被告人陳鼎航、陳信安、李中傑犯走私、販賣、運輸毒品罪，被告人鄭華、胡惠琳犯販賣、運輸毒品罪一案，於2011年6月17日作出廈刑初字第四十七號刑事判決。被告人陳鼎航犯走私、運輸毒品罪，判處無期徒刑，剝奪政治權利終身，並處沒收個人全部財產。

——廈門市中級人民法院

## 海鳥洗髮精

　　我的朋友，樹林人陳鼎航，現在可能還被關在福建的某個監獄。而陳鼎航對我的影響，也許強過馬克思主義。

　　當我們都是乳臭未乾的國中生時，他就是班上最多才多藝的人。這半輩子見過幾個接近天才的人，例如在跟蔡明亮工作的過程中，我發現他可以立即在腦海中調動數十個場景，也許這數十個場景裡面各都還包含次場景、次次場景……其思考畫面、聲音的調度能力是我遠不及的，這一方面或許是長期用畫面思考的結果，而陳鼎航也似乎擁有這種天生能力。

由於樹林國中同班的關係，我和陳鼎航很快就成為哥們。當然，不僅我和他，那個時候我們好幾個國中同班，經常結幫成派地混在一塊，一起成長、一起蹺課，要好的程度，只差沒有去內政部登記為社團法人。國中時候的那種「混」，其實是和少年期許多感性經驗、畫面、甚至是許多味道強烈連結的。

比如說，我總是記得過去「海鳥洗髮精」的香味。有很長一段時間，在各種不同場合，每當聞到海鳥洗髮精香味，我的心臟就會抽動幾下。海鳥洗髮精的故事來自於某一次，我跟陳鼎航和另外一位仁兄，三個混混一起蹺課坐火車跑到宜蘭頭城海水浴場過夜，晚上用海鳥洗髮精洗頭髮。後來這件事情鬧得有點大，回樹林以後大家都被家人痛打一頓。後來我們經常混樹林火車站後面的泡沫紅茶，無照駕駛機車到處遊蕩，我都常常聞到這股味道。從此，「海鳥洗髮精」代表了那些夏日時光、浸泡在海水浴場裡的夢，皮肉的疼痛、不認輸、叛逆的青春。我國中已開始嘗試寫文章投稿給《青年世紀》，講的都是那時候青少年的事情，與陳鼎航。有時候，我會嘗試用一些現在看起來很高蹈、無聊、肉麻卻老實說有點可愛的字眼來形容那種海鳥洗髮精的感覺，如「悸動」。

雖然現在不太用「悸動」這兩個字了，但海鳥洗髮精的味道就給過我這種奇妙的感覺。正是「悸動」這個詞，貫穿了青少年那段時間的各個情境、場合，成為閃耀青春的動力。譬如，在讀樹林國中時，那是一個還沒有二十四小時便利商店的時代。往往在夜裡幫母親收完攤之後（對了！博愛市場的生活除了擺攤，還要晚上十點準時去收攤）。等到確定家人都睡著以後，我會躡手躡腳地，偷偷拉開家裡的鋁門，無聲地將腳踏車搬出來，騎車穿越沁涼的深夜城鎮，到縱貫鐵路對面的陳鼎航家玩。有時候我們會在他家頂樓，看著夜間發亮的火車鐵軌、遠方街道

閃爍的紅綠燈，抬頭望著滿天的星星，一根接著一根偷偷抽著藍星牌香菸。那時候總想著，我們沒有未來，因為我們來不及想像未來，一群奇怪的國中生有著美好的當下。

雖然我和哥們當時都在樹林國中的A段班（好學生班），可是我們會去現在已經消失的中華商場「改褲子」、通宵看MTV、抽菸、熬夜騎單車旅行等等。我都不知道自己如何在嚴厲的父親監視下做這些事情，可是自己叛逆的種子在那個時候已經被開啟了。我並不想像現在逃亡中國的哥哥一樣，從小第一名，高中意外差一分沒上建中而讀師大附中，大學聯考全國前百名上了台大財經系⋯⋯這些光環都很重要，可是跟哥們一起混的日子更重要！

我們經常一起旅行，有時候居然還一起寫生，也許因為這個因緣，種下了往後高中階段瘋狂旅行的種子。如果說馬克思在放逐巴黎時，寫下重要的《1844年哲學經濟學手稿》，那麼我的這種單獨旅行的過程，無疑在身體裡種下了一種很特別的世界觀：瘋狂地走向世界。廢墟計畫那種驅使我大量移動的能量，大概也是這樣來的。

## 退學

陳鼎航後來轉學了，到了樹林附近的柑園國中。高中以後，他上了一所地球無敵爛的豫章商工。可是他在豫章時的水彩畫，一直被認為具有超齡十年的水準，但同時卻也面臨許多人際交往上的困難。當然，我們是哥們，因此我也從別的高中轉學到豫章商工去（這種高度落差，害我後來成為豫章商工創校以來第一個考上國立大學的人），可是一到豫章那個流氓學校以後不出一個月，陳鼎航又因為跟家裡鬧翻而退學，前往當時台南縣永康鄉的一間鐵工廠工作。

在那個沒有網路的時代，有時候我們會通信（現在想起來總有點肉麻的感覺）。對於彼時蝸居台北的我來說，台南是一個奇妙的地方，例如信裡他會說：「永康這裡一切都好，除了隔壁鄰居養熊，有時候鄰居會牽熊出來散步。」不止如此，他說他的鄰居還養了幾隻黑豹。對我來說，這真是只有在他身上才會發生的際遇。他似乎本就應該活在危險、瑰麗而非蒼白的現實世界。

陳鼎航退學後，我逐漸和豫章的那些流氓朋友混得很好。高職畢業後前往南陽街儒林補習班，準備重考大學。往後的日子裡，當我一步一步離開樹林，展開自己的藝術之路時，陳鼎航也不斷地游離在各種行業打轉。有很長一段時間，我處於前所未有、非常高度的啟蒙狀態，大二時開始讀傅柯、海德格，深深陷入他們鑽石般的思想裡面，也開始思考、操作前衛藝術、觀念藝術。可是陳鼎航也開始從這家KTV少爺轉到那家KTV少爺、從土城這間家具店轉往板橋那間家具店……他依然才華洋溢、自視甚高。可是現實世界中，一個高中沒畢業的人能做什麼？外人看來，那也許只是一袋人類形狀的垃圾而已吧。他也想辦法融入自己的工作，可是你終究沒有辦法想像在台灣社會中，家具店的工作能有多受人尊敬？大概在2001年左右吧，陳鼎航回到樹林柑園地區老家的農地，開始種田，也開始販毒。


## 販毒


一直不清楚，究竟是什麼東西搞垮了這個人，讓他一步一步走向毀滅之路。我可以理解一個人在面臨社會壓力的時候吸毒（事實上我不太用「毒」這個充滿社會觀點的詞來說它，應該還原它的化學名稱，諸如安非他命是苯丙安之類的）。我可以理解人們吸毒，事實上我們的生

活根本就是另類的吸毒，高尚不到哪裡去。況且高尚的歐洲一大票人也吸。我願意用最寬容的角度猜想，人們走到這一步一定有他的理由吧。據說台灣很多跑高速公路、縱貫線的卡車司機都需要苯丙安來提神，可是我卻獨難接受販毒這件事，陳鼎航，我的哥們最終販毒了。

在他回去柑園種田的時候，我也剛從關渡搬回樹林，因此我們又經常聚首。陳鼎航非常投入種田事業，每天早上四點起床割菜，七點用貨車送到樹林博愛市場賣，中午結束，又再度回到田裡施肥。據他說，種菜可以月入三十萬，這對我當時想作一個藝術計畫都要寫一堆表格申請的人來說，簡直是天堂。他還曾抱怨，過去在家具店當銷售員的時候，很多人跟他介紹婚姻，一旦到了市場賣菜時，卻從來沒有人來牽姻緣，他覺得人們排斥這種行業。

總之，那個時候我很高興陳鼎航的生活能夠重新開始，可是沒有想到，交友廣闊的他在這個時候開始販毒，有一次還被調查局包抄，抓進土城看守所。因為販毒，我也決定離開他，雖然至今仍然不知道這樣做對不對。

我不想提太多細節，提起來都是不堪的回憶而已。關於我的哥們，那十多年來生死相交、義氣相挺的朋友，最後偷渡廈門，販毒被捕而被判無期徒刑……這些細節都不重要了，重要的是，在不算漫長的二十年之間，是什麼東西毀掉一個人？或許世界上百分之九十的人都跟他一樣，為著一些朦朧、不確定的感覺而活，這種朦朧而不確定，最終帶來的不是一場空，就是一種被毀掉的感覺。

香港，彌敦道

香港

黃大仙（攝於張正光居家門口），2013

# 黃大仙

每天我只做兩件事：想我的家人，想我的未來。

——十七歲隻身逃到香港的斯里蘭卡難民Robert

1945年台灣「光復」以後，社會局勢就像舞台劇的燈光一樣，突然間被某個不知名的燈光師轉亮，又旋即戲劇性地被關閉，乍明還暗之間，整個島嶼陷入一片不明的前景。

「二二八事件」席捲全台，接踵而來是恐怖的「清鄉」，大批台灣知識精英階層被帶走，多數生命遭到不測。在這段動盪不安的時期，能夠盡量不看、不說且不理政治，方為明哲保身之道。張正光蝸居彰化田尾期間，幾年之間也在媒人婆居中牽引下，和隔壁街的秀吟結了婚，生了兩個女兒，除了偶爾接案子，設計建築之外，大多數時間都在秀吟開的雜貨店幫忙看顧。

有一天，張正光突然接到一家叫「三井」的日本公司人員來電，操著日語說要找他。接通後，電話那頭傳來的居然是他在神風特攻隊飛同一架飛機的岡山隊長。岡山隊長在沖繩戰役自殺攻擊不成後，經歷了美軍軍事審判，前前後後在沖繩嘉手納機場附近的軍事監獄關了三年。回到日本後加入「三井」集團在中國近海的捕蝦事業。岡山隊長打電話給

張正光，是希望他去香港協助日本企業在中國大陸的捕蝦生意。張正光想著，在這種通貨膨脹、風雨飄搖的社會氣氛之中，能夠前往香港也許是另外一條生路。

「輕井（張正光的日本名），沖繩戰役時我沒能夠撞到美國軍艦，這是我一生的羞辱，也很對不起你。現在我從監獄出來了，我想找你用另外一種方式來報效天皇。」岡山隊長在電話裡還向他道歉。張正光口頭答應了，可是心裡著實覺得彆扭，岡山隊長之所以殉國不成，不就是因為最後俯衝時，他的腳一直去卡住傳動軸嗎？

他會前往香港，彷彿完全是上天安排好的事。某方面因為精通日語及中文，因而可以在二次大戰後繼續為日本企業在中國的市場服務。那時日本剛戰敗，「帝國」已然瓦解，可是烙印在許多日本人心中榮耀的「大東亞」想像卻一時無法消弭。這種君子報仇三年不晚的心態也存在於企業家心中。「三井」公司過去在戰爭時期是日本製造戰機的生產鏈之一，戰後由於戰機也不需要了，因此改做中國的貿易，賺中國的錢、吸中國的血。然而時值二戰剛結束，中國對日本還懷有極高的仇視，因此透過香港這個自由港比較可行。

「香港？也許這個地方能帶給我好運。」一生衰尾的張正光眼中露出一絲幸福的火光。


## 寮屋


香港，像是一個避難場所。1955年人們在李鄭屋挖出一個東漢墓穴，經研究調查後，發現是東漢末年，來自於中原躲避戰火的貴族。此刻，香港還是充滿難民，通通是幾年前為了躲避國共內戰而來的，大多數是國民黨軍人、眷屬，當然也不乏大陸各地的巨商富賈。

1955年，張正光從桃園的中正機場，搭乘民航空運公司班機飛往香港啟德機場。對於能夠再次坐上飛機，而且比神風特攻隊的彗星一二型飛機大上好幾倍，連他自己都感到新奇和不可思議。至少這一次不用擔心飛機會去衝撞美國軍艦、去幹神風特攻隊那種蠢事了。

　　由於戒嚴令的關係，那個時候凡是出國者，必須經過警備總司令部的層層關卡。但是由於中華民國政府與日本之間有一些暗盤交易，例如由日本軍事顧問私下組成的「白團」，便成為蔣介石軍事上極為倚重的參謀團，「白團」的首腦富田幸男（代號黑洪亮）恰好是岡山隊長的友人，張正光便透過「白團」這層神秘的關係而能順利前往香港。

　　由於國民黨新敗不久，總數約莫十萬來自於中國的難民湧入。郊區到處充滿新新舊舊、拼拼湊湊的寮屋群落，1953年深水埗石硤尾一帶寮屋區的大火事件，促使港英政府在黃大仙、老虎岩、長沙灣一帶興建新的移徙區來安置這些外來的流動人口。關於寮屋，張正光聽說在將軍澳那邊有一個叫吊頸嶺的寮屋群。廣州戰役以後，上萬個國共內戰打敗後，來不及上船逃到台灣的大陸商人、地主、公務員及軍眷，在無處可逃之下，潮浪般地從廣州湧入香港的吊頸嶺，聽說裡面還有不少國軍高階將領哩。

　　岡山隊長安排張正光住在黃大仙區一棟較新的唐樓，這一帶仍遍佈著難民寮屋。寮屋通常都是用木板、鐵皮興建而成的臨時建築，實際上就是貧民窟。而唐樓則是一種混合著中西建築形式的公寓，一般來說都不會超過四層樓。相對於故鄉彰化田尾的老舊街道，這種唐樓其實住起來還滿舒適、氣派的。當時，「三井」公司已經在香港附近的中國珠江三角洲進行捕蝦事業數年了。張正光的工作是負責跟廣東沿海的幾個在地漁家打交道，將一籃一籃滿載的蝦子漁獲以三角貿易的方式，從香港冷凍寄到日本，再回銷到台灣。不知道是不是學工程的關係，張正光運

算及邏輯能力還不錯，對於生意上面的事務，得心應手。「三井」公司高層後來乾脆將存摺、印鑑託給他一個人保管。反而在生活上，因為台灣人的身分在香港總被認為是中國來的難民，難免遭受其他香港人一定的歧視。雖然這種歧視對長期處於日本殖民下的台灣人來說一點也不陌生，他出生之後就是「昭和」年代了，生活中處處都要比說著不同語言的日本人低下。

據說，珍珠是牡蠣受傷時，分泌在傷口附近的碳酸鈣所逐漸累積成的圓球，1955年的香港也像是一顆在世界地圖中逐漸發亮、成型的珍珠。繁華的彌敦道、貧民窟般遍佈的寮屋、廉價的短租房、幾個月固定一次的大火……城市交錯著極度繁榮與破敗，一點一滴累積成這顆珍珠的表層，逐漸發亮，成為未來的東方之珠，張正光像是這顆珍珠沾染的無數灰塵之一。

# 北方人

當時，一位外號叫老錢的人就住在張正光唐樓邊，利用空地蓋了一間「獨立寮屋」。老錢就是因為太晚才到了吊頸嶺，發現那裡實在擠滿太多太多人，其中包含太多太多國民黨將軍了，只好流落到黃大仙這邊另覓生存之地。沒想到讓他在黃大仙道旁邊的一個小山腳，用很便宜的價格給租到一塊小空地，就這麼自己蓋了間專屬的「獨立寮屋」。老錢是西北甘肅一帶鄉下人，一輩子沒見過海，更不知道海風聞起來居然還鹹鹹臭臭的。內戰時老錢跟著過去馮玉祥手下「十三太保」之一的劉汝明第八兵團，從千里外的長江防線一路崩潰，向南方撤退，一直到了福建漳州一帶才被共產黨給堵上了。

「那哪是跟共產黨作戰？那根本就是打獵，只是我們是獵物而

已。」老錢告訴張正光。張正光旋即想起在沖繩的時候，他們的「八幡皇護隊」第三小隊在悲壯中起飛之後，不也是被美國人的飛機一樣當獵物在打？

講戰爭、想戰爭、反省戰爭的這個那個失策，彷彿成為老錢下半輩子唯一的生活重心。老錢是劉汝明手下的通訊班長，從漳州包圍圈逃出生天後，在一路被共產黨「打獵」的情況下退到廈門島。當時廈門島已經擠滿好幾萬個難民兵，大家曾經在鼓浪嶼成功擊退共產黨的攻擊，但是隻手終究難撐天，當社會主義軍隊湧上時，資本主義旗下幾萬個破爛士兵有什麼用？廈門島大崩潰那天，五通碼頭擠滿各式各樣的人，汗水混合著淚水流滿每一人渾身。許多人搶著搭最後一班開往台灣的船，更多人抱著木板、舢板、桌板，甚至民宅搶來的，不知道誰的祖宗牌位，就這樣噗通下海。隨著污濁、冰冷，可能還混雜著一些人類血液的台灣海峽海水，載浮載沉地漂往南方。老錢在數日的漂浮、輾轉之後，像死裡逃生的烏龜一樣，終於一拐一拐地爬到香港。

每每談到老錢從五通碼頭跳海求生的經驗，張正光總是心有戚戚焉，因為沖繩戰役中，不正好是海洋救了他？海啊海，妳看著陸地上的人成天這樣地廝殺來廝殺去的，究竟做何感想呢？對台灣的妻子，秀吟，張正光有一種說不出的愧疚。可是在那個人命不值錢的時代裡，縱使一再地離鄉背景，又能怎麼樣呢？老錢不是也說，他從遙遠的黃土高原被拉去當兵時，連母親最後一面都見不著，就隨劉汝明轉戰大江南北。一條命能活下來已經萬幸了，離鄉背井又算得了什麼？

有時就在張正光的唐樓、或者老錢的獨立寮屋，老錢會哼唱來自黃土高原的「秦腔」來一解鄉愁。秦腔是一種最早的「亂彈」，吟唱的人表情誇張、動作猛烈、聲調高昂、氣宇軒昂，好像以人們孤單的身軀、肢體，面對著遼闊而貧窮的黃土高原訴說各式各樣的委屈。「秦腔」簡

直是黃土高原人們的生活核心，老錢總愛哼唱的是誇張的這一句：「將令一聲震江山」，然後隨著哼唱下一句：「征戰總是一場空」。張正光總是奇怪，「將令一聲震江山」的唱法氣宇軒昂就算了，「征戰總是一場空」這種應該哀怨一點、悲傷一點的老腔，怎麼唱起來也那麼氣宇軒昂，威震八方？

「都不知道這些北方來的人到底在想什麼？」張正光時而納悶。

除了哼唱「秦腔」、反省那成敗都操之在他人手中的戰爭外，離鄉背井的歲月中，最能一解他們思鄉之苦的地方就是嗇色園的黃大仙祠。黃大仙祠廟埕擺著真人大小、銅鑄的十二生肖獸首人型像，羅列成威武的陣勢，彷彿能夠鎮住漂浮不定的香港島一般。不只這兩個孤獨老人，香港各地流離的人們、甚至居住在海外的東南亞華僑也都信奉黃大仙。張正光將一張印有大仙像的「黃大仙靈籤」貼在他唐樓住處。靈籤上，大仙身著藍袍黃褲的道家服裝，右手持著象徵去除煩惱的拂塵，左手拇指及食指翹起，打出一個既似道家手印、又似傳達著「OK沒問題」的手勢。這張靈籤就這樣跟隨著張正光無根的歲月，扎根在香港的土地上。往後的日子裡，這張靈籤也像一張通往光明世界的護照般，就這樣跟隨他漂洋過海，回到台灣。

究竟，嗇色園裡面的黃大仙真的知道這些難民的事情嗎？「人世」瞬間的顛沛流離，大仙怎麼會不知道呢？千百年前，大仙從小就離開家人，獨自前往浙江金華的赤松山修行，「坐在立亡」、「日中無影」。瞬間，這一修行就是五百年過去了，大仙回家時親人早已化為白骨，只好回山繼續修煉成仙。百年前大仙透過乩童的降世，來到香港、廣東一帶，不就是要救這些飽受戰爭瘟疫、家庭離散所苦之人，祈得幸福？

# 本土運動

情感節省電力
我們歌唱的白日將一一熄去
親近海的肌膚
油污上有彩虹
高樓投影在上面
巍峨晃盪不定

——也斯，〈北角汽車渡海碼頭〉，1974

　　也斯，就像一位漫遊者，在寂靜的港島深夜，推開一扇窗。由這扇窗暗裡深處向外射出的眼光，也許是整個城市在經歷一整天人聲鼎沸之後，唯一真誠且孤獨的眼神。詩人之眼，就像冒煙的煤焦一樣，在城市安靜下來的時刻靜靜地吐著煙。多年以後我無意間也來到北角，這個早期香港人口最稠密的區域之一，仍積滿著生活在這座城市所有人的熱情、困惑、迷惘。

　　〈北角汽車渡海碼頭〉是詩人早期的成名作。四十年了，距離也斯寫下那首詩也已四十年了，東方之珠至今依然未眠。

「痛心疾首」，活化廳，2013

# 油麻地

　　如果說我成長的樹林博愛市場是魍魎、迷宮，那麼香港更像一座靜謐的地獄。這地方真是令人又愛又恨，又恨又愛。每次從台灣坐飛機到了香港赤臘角機場，看見灰黯的城市及天空，我便馬上想坐下一班飛機回台灣，可是每當硬著頭皮待下來，又會很自然地喜歡上這個地方。

　　我之所以喜歡這裡　，大抵是因為這裡有一群可愛的朋友。在這個末法時代中，什麼是「可愛」呢？就這些朋友來說，他們在香港走向世界罕見的都會開發主義與城市仕紳化過程中，挺身而出。2010年開始，香港藝術工作團隊「活化廳」的李俊峰邀請我去油麻地駐村，從此開始頻繁墜入這個美麗的人間煉獄。我在香港主要住的地方就是位於油麻地上海街「活化廳」樓上的老舊公寓，一個沖水馬桶壞毀、壁面水泥漆剝落、房間裡散佈著以前住過的藝術家的痕跡、氣味的公寓，由於這是一個住宅稠密區，傍晚時候還可以固定看見對面公寓的老人，光著上半身煮晚餐的畫面。因此我對於香港的觀察，總是從油麻地作為基地，像一束束微光般光四散出去。

　　在「活化廳」駐村期間，我總像一隻貓，沉默地穿梭在彌敦道、佐敦道、廣東道。香港人行走速度很快，總是讓人有一種倥傯著什麼的感覺，「人潮」兩字在此意義更清楚，我想起駱以軍所說「我們這個世代最恐懼的是時間」，這種恐懼似乎永久封存於這塊島嶼中。彌敦道到處是周大福、周大莊、周生生，或者周生生、周大莊、周大福珠寶店，其密度之高令人咋舌。人們似乎緊張著黃金、珠寶價格，彷彿也擔憂著明天香港會往哪裡去？

　　香港讓我更加對過往的藝術虛假性感到厭煩。「真」也許有另外一種意義，那就是回到生命真實處境裡，面對、接受必然而來的摩擦。例

如有一群人在油麻地一帶開了一間「德昌里二號、三號鋪」，他們以無政府主義為號召，以偷竊政府與財團的有形、無形資本為樂，強力推銷吸大麻比吸菸更健康……他們被香港另外一派（我也搞不清楚是哪一派）正推銷「港獨」、「城邦論」的陳雲斥之為「左膠」。

## 左膠

關於「左膠」一詞，乍聽一度以為是左派的「殘膠」，好像這一群人是傳統左派仍然黏在今天社會現場的殘膠。雖然這是一種戲謔的說法，但和今日「新左」給人的印象差距不遠。殘膠這個印象在我心裡黏附許久，覺得這樣的描述挺像一回事的，也懶得查證。直要寫這本小說的時候，我又稍微理解了一下，才發現那個「膠」字，其實大約是「膠人」，也就是「死硬派」的意思，大大出乎我意料之外，可是這與過去某些港人稱「左派」的人為「左狗」總是不同吧。1967年的香港左派「暴動」（「暴動」這個字還是暫時放進括號），其實是與中國的文化大革命分不開的，那個時候人們在看「左派」時，也許還帶有一些不安及恐懼吧。

2014年回到香港的金鐘、旺角一帶佔領中環現場，發現到處貼著防範「左膠」的字眼，讓我一時與佔領行動所要求的「真普選」連不起來。隔天在旺角序言書室，巧遇「左膠」的頭頭之一陳景輝，我問了一下他這個迷惑的問題，為什麼「左膠」會在這場爭民主的運動中成為敵人？陳景輝那張像彌勒佛臉上，胖胖的嘴說道：「佔領中環同時是排除他人參與的運動，『左膠』被當成中共同路人。」老實說，我很快能理解陳景輝說的意思，但我更著迷於他那張像彌勒佛一樣的臉，如何能從這樣一張溫溫的笑臉中，道出香港青壯世代最強壯、基進、犀利話語？在《草

木皆兵》一書中，陳景輝講到他們與上一輩、哪怕是僅隔十年一輩香港人的差別：

戰後「嬰兒」選擇了一種非常動人的港人形象，七十年代的香港人是：在「由內而外」的經濟榮景護蔭下長大、殖民政府「自上而下」自我改革的受惠者，以及某種犬儒任命的工具主義者。可是這樣一來，香港人的位置就給「說」死了，在香港故事裡，她被描述成缺乏創造力、正義感和挑戰性元素等。她的角色就是一部電影的替身……

一直到2006年代表性的「天星碼頭保衛事件」裡，香港才誕生出與過去截然不同的身分認同，產生「本土」的社會主義概念，也逐漸讓新世代的港人思考「替身」的問題。不同於1968年以後在歐陸一直不斷衍繹、翻轉的「自主運動」，這種關於「本土」的社會主義概念，也許只能在香港這幾年爆炸性的城市發展條件下才可能產生。

「本土」像一部巨大的秘密天書，像一只大背包，在那些穿越香港大街小巷的日子裡，靜默地緊臨著我。「德昌里二號、三號鋪」的朋友跟我說，自從2011年「佔領中環」失敗以後，他們一點一滴從裡面學習認識什麼是資本主義，什麼是禮物經濟，而這些東西又怎麼樣能夠落實在他們自己的生命裡。歷史的書寫或許給他們某些啟示，例如說普魯東、例如說克魯泡特金、例如說柄谷行人……可是，歷史的書寫永遠是別人，在一定的距離外，對著不可能觸及的「理型」所嘗試做出的註腳、解釋。但是拿「德昌里二號、三號鋪」的人來說，每每只要想到他們要成立一家藏書「完全從誠品書店偷出來」的無政府主義圖書室，我的心裡都會洋溢著無限的喜悅，好像人類社會真的需要一批這樣的傻子般。

久了，我好像也變成半個香港人似的。有一次代代木公園的小川哲

生來到「活化廳」，隔天我帶他坐火車前往北部新界的粉嶺，看一下新恆基地產商如何收購土地、侵佔農戶，也順便帶他去看一下「馬寶寶」農場如何結合在地資源抵抗地產商。每一次來香港，只要時間夠，我都會想辦法來粉嶺的「馬寶寶」看看。這是位於一個叫做馬屎埔村的地方，隔著重金屬污染的梧桐河遙遙與深圳相望。馬屎埔村還保有香港少有的耕種生活，但是三大地產商之一的新恆基地產已經在這裡運作多年，一塊一塊地收購、蠶食鯨吞，試圖將它改為住宅大樓。「馬寶寶」組織的人將社會運動、農業運動、藝術運動的團隊引進，長期在這裡駐點，希望能力挽狂瀾。我去那裡，頻繁到有時候連裡面的小姐都覺得這個台灣人怎麼面熟，怎麼有事沒事老來這裡。

　　在香港，我常常感覺自己在台灣凝固已久的身體瞬間解體。光是從地鐵油麻地站的彌敦道走到上海街「活化廳」短短幾百公尺，可能就會有一萬人擦肩而過。因而你很容易一下子就進入暈眩的狀態，這種暈眩有時候讓你沒有辦法回到那些賦予你、型構你種種的東西，這種暈眩的創造，也許就是所謂的解體。

# 珠江之水

忙解纜，往江濱，又見、又見江楓漁火、漁火照住我愁人，各物擺
齊兼果品，妹啊你前來鑒領、鑒領我情真！燒頁紙錢將妹你、你的靈魂
引，妹啊燒到衣裳、首飾就共金銀，燒到、燒到丫環一對、妹啊來親近，
你落去呢？

——〈男燒衣〉歌詞

## 南音

有人說，廣東的「地水南音」是一種會呼吸的音樂。

這種呼吸，伴隨著簡易、單一的樂調，混合了走唱的瞽師穿梭在廣
東古老城鎮時的氣喘聲。瞽師悠悠蕩蕩、重複哼唱著或是自己、或是他
人的故事，藉以賣藝求生。有時候，他們唱的故事是如霸王別姬般的史
詩，有時候他們又唱出人們生命中最卑微的情慾喜苦。然而卑微啊卑
微，多少個男女曾為這南音流淚，多少天地也曾為這南音動容。

也有人說，「地水南音」源自於廣東更為原始的「龍舟說唱」以及
「木魚」走唱。過去在古老的順德縣一帶，有一些說唱者穿梭在珠江三

廈門海域，2012

角洲無數的城鎮之間，而且特別流連於小城市的渡口。他們拿著一根木頭拐杖，杖頭上雕刻了一艘精美的龍舟，就這樣一個城鎮一個城鎮、一個渡口一個渡口地傳唱下去。至於「木魚」就更玄了，傳說中走唱「木魚」的人都有佛教信仰。「木魚」專說故事，就這樣一敲一說中靜靜傳遞著人間知識。據說有一些「木魚」的故事甚至要花好幾百個小時才能說完，因此「木魚」說唱的人大都會在一個定點駐上個把月才能講完。

什麼故事需要幾百個小時才能講完？

和乾燥、淒苦黃土高原上誇張、激昂、千軍萬馬的「秦腔」不同，南音的瞽師唱的是一江愁容，聽得人是九轉千迴、柔腸寸斷，好像整個珠江三角洲的水就這麼給帶到茶樓來了。好像情、慾、喜、苦通通幻化成了蕩漾河水，淹沒了每一個人的心裡。據說南音的《男燒衣》，就是一位男人與妓女在珠江口船上一段哀怨美麗的故事。

那時，眼盲的杜煥總是一個人獨自坐在富隆茶樓角落，架起古箏，日日夜夜彈奏著南音。說起富隆茶樓，位於上環水坑口街上的轉角，標準的三層唐樓，雙面玻璃採光，白天的時候陽光灑進室內，七、八張茶桌俐落地擺著，每張桌子下面規矩擺著一個痰盂。天花板時常垂掛著許多鳥籠，都是茶客們遛的鳥。茶樓裡龍魚混雜，老人發呆、茶客磕牙、黑道談判、男女相愛……全部都發生在那擺置著七、八張桌子的小室裡。當然，茶餐廳還有一個恆久不變的風景，就是盲眼瞽師杜煥。每每杜煥用他特有的鴉片「煙屎腔」唱起《男燒衣》時，整個茶樓的色調頓時暗沉起來，那些桌子、椅子、天花板掛著的鳥籠顏色，通通換成灰撲撲的珠江水色。因為眼盲，杜煥總是「眼無一物，心無二物」專注演奏，他的聲音像精靈一般鑽到每位茶客的腦海中。茶客們的眼睛好像千百年來流向大海的江水，忽然化為《男燒衣》裡主角的眼淚。

珠江三角洲的水啊，妳是不是根本不是水？而是人們眼淚的總和，

因此當南音瞽師一唱歌的時候，妳就會悄悄爬到人們的眼眶裡，打轉、流連，停滯不走。

## 雙十暴動

來到香港的第二年，張正光和老錢就遇到了「雙十暴動」。國共內戰以後，香港幾乎成為各路流亡人馬匯聚的棲身之地，除了被共產黨的土改、階級批鬥而逃亡的各式各樣地主及商人，也混雜著大批忠於國民黨的軍人、眷屬，因此對於舊政權的感情，仍深植於這批流亡者內心深處。老錢說他剛去吊頸嶺的時候，還曾經看到那邊的國民黨流亡士兵，在附近山頭開闢五個彼此間隔約三百公尺大型空地，空地上用許多塗白的石頭分別堆出「蔣總統萬歲」五個大字。

10月10日那天，張正光跟老錢準備前往油麻地的廣東道，聆聽街頭藝人唱地水南音。兩老正愜意地走在涼風吹拂的街道，抬頭一看，黃大仙道兩側忽然綁滿許多青天白日滿地紅國旗。在香港，街頭出現青天白日滿地紅旗並不是特別稀奇的事。要知道，這些心繫大陸江山的孤臣孽子逃到香港後的心境，因此每當台灣歡慶雙十國慶的時候，港英政府基於同情的心理，對於街道出現旗幟並未制止過。

走著走著，兩老逐漸看到擁擠、紛亂的人群，這種景象實在有別於以往冷清的黃大仙道。千百個謠言在空中漂浮著，街道上的人們開始奔相走告，說在深水埗、油麻地、荃灣那邊陸續發生了警察打人的事情。慌亂中，他們快步前往人群聚集的地方摸清楚狀況。後來兩老知道，原來長沙灣那邊一個叫做李鄭徙置區的地方，官方拆除了慶祝雙十國慶的大型牌樓，導致親國民黨的居民反抗。知道這個消息以後，老兵退伍的老錢義憤填膺，馬上叫了一輛的士衝去現場，張正光在「義氣」充滿腦

門的狀況下，二話不說也跟著上車衝殺過去。

　　李鄭徙置區那邊已經打得不成人形了，親國民黨人的國仇、鄉愁、家恨……通通因為小小的雙十牌坊被拆除而被無限擴大。由於事態逐漸朝向非理性發展，港英於是調出軍隊來支援抗暴。ㄇ字型建築的李鄭徙置區，中庭堆滿了憤怒民眾從房屋裡丟出來的家具、雜物，並放火燃燒。所冒出的黑煙，就像古代暗中準備起義的反抗軍所引頸等待的一股狼煙般，傳遍整個香港。

　　徙置區鄰近的路口被警察用路障封鎖住了。遠遠地，人們已經抬出蔣介石跟孫中山的大型畫像，要求下令拆除牌樓的兩位徙置區政府官員下跪道歉。這時候張正光忽然感到腦門前一陣黑影，急忙一閃，發現一罐玻璃汽水瓶差點擊中他的腦袋。原來，港英的裝甲車已經迫近徙置區，鎮暴部隊也準備清場。徙置區裡面被包圍的人們開始從區裡雜貨店翻出一堆堆汽水瓶，當成汽水炸彈丟向警方，而警方也還以催淚瓦斯。

# 廈門

　　由於攻防太激烈了，外圍的張正光與老錢根本進不去，兩老決定轉向深水埗那邊看看，臨走時，滿腦捍衛國旗的老錢忍不住喊道：「打得好！」至於台灣來的張正光，經歷過二二八事件、清鄉等政治肅殺的氣氛，對那面國旗倒是沒什麼感覺，或者說，對於國旗他其實有著一點喜歡，又有一點害怕的迷惘感，因此一時不知道老錢在為哪邊喊好。當他看到老錢衝向插滿青天白日滿地紅旗的人群那邊時，他才恍然想起老錢，這位終究被他們敬愛的劉汝明司令遺棄在廈門五通碼頭，最後抱著一塊桌板，與無數同袍絕望地漂浮在污濁的廈門外海，載浮載沉二、三十公里才獲救的老錢，有著一顆比任何人都堅定、鐵一般捍衛這面旗

幟的心理。

老錢在衝往旗海的時候，腦中懷抱著其實也是1949年廈門五通港的畫面，那個天地不仁、無情無義的畫面。有時候人的一生好像只要一、兩個畫面就夠了，可以用這一、二個畫面迴旋於各式各樣的生命境域裡，並且老是在最不可思議的時候跳出來，給人們極大的勇氣或帶人魯莽地往前衝。當時，五通港只是一個小漁港，廈門沿海僅有的船隻都被徵收了，準備裝載國民黨官員及大批黃金前往台灣。葉飛的解放軍二十九軍登陸廈門島北方的高崎以後，社會主義軍隊已經開始像憤怒的珠江洪水，滾滾南下。死亡之鐘啟動了，幾萬個從鄉下拉兵來的爛人擠在島的南方，絕望的氣息像瘟疫般蔓延，幾乎沒有人願意抵抗了，大家只是爭相往前，想要在人海中擠出一個能下海的空檔。老錢硬是拖著前天從民宅搜來的桌板，或許是常唱「秦腔」因而身強體壯，也或又是腎上腺素強烈分泌的原因，老錢用盡前所未有的力氣，在人海中意圖奮力擠出一條縫隙。一小時後終於撲通下海了。

「終於下海了，他奶奶的熊！」在深水埗的老錢衝向國旗時，口中念著正是1949年他剛剛成功跳下廈門海面的第一句話。

下海後，後方很快傳來機槍乾燥的噠噠噠噠聲響。老錢想，共產黨有這麼快來到碼頭嗎？這個時候，離他不遠的幾個同袍忽然悶的幾聲，紛紛中槍翻倒，永遠沉沒在金、廈海域之間。在海水起伏間，老錢困難地回頭向陸地望去，驚覺國軍的憲兵哨點居然槍口轉向海裡朝自己人開火。這個時候老錢忽然四肢無力，感到空前絕望、迷惘及頹靡，他驚訝這個節骨眼居然是自己人殺害自己人。在晃蕩、冰冷的十月海洋裡，流淌著許多人類溫暖的血液，漂浮的木板、船隻油漬，以及死狗一樣的國民黨軍人屍體。

戰爭又像一朵野花般盛開，綻放在香江之上。很快地，「雙十暴動」

已經演變成無法收拾的局面，黑幫三合會已經嚴重介入國旗事件，防暴警察也因為民眾剛剛燒死了瑞士駐香港代表恩思特的夫人，動用真槍實彈鎮壓，死亡的人數逐漸攀高。當老錢衝向這朵花時，一顆流彈不偏不倚貫穿他的腦門。於是，這位來自於黃土高原、老愛哼著那怪裡怪氣的「秦腔」的西北軍老兵，在香港深水埗街道倒下來的瞬間，腦中的畫面永遠停格在1949年10月15日廈門的海洋上面。

那一瞬間，張正光陷入嚴重的失語症裡，久久無法言語，甚至連身邊的流彈都忘了閃躲。對他來說，自從岡山隊長返回日本之後，老錢就是他在香港唯一的朋友，甚至可以說是地球上唯一可以談上幾句話的人類。失去老錢，比沖繩戰役中失去鈴木同學讓他感到更為不堪。他站在老錢的屍體旁久久不能動彈。

不久之後，隨著動亂逐步轉移到荃灣，猶如演唱會過後，深水埗的青山道忽然安靜下來。街道上只留下一些燃燒的家具、木板、旗幟、棍棒以及屍體，還有老錢。好像廈門海域上的慘況幾年後全部搬到陸地上般，一如電影的續集。

張正光默然地將老友送往殯葬場，手上拿著老錢那件土黃色的夾克火化時，突然間想起富隆茶樓裡杜煥的〈男燒衣〉，迴盪在暴動的東方之珠。

# 珍珠

讓海風吹拂了五千年
每一滴淚珠彷彿都說出妳的尊嚴
讓海潮伴我來保佑妳
請別忘記我永遠不變黃色的臉
船兒彎彎入海港
回頭望望　滄海茫茫
東方之珠　擁抱著我
讓我溫暖妳那蒼涼的胸膛

——羅大佑，〈東方之珠〉

　　羅大佑的歌像一個拾荒者，走在碎裂的香港路面，到處撿拾街道上
發亮的垃圾、生活的碎片、被遺棄的心。初聽這首歌，內心瞬間破碎、
融化而成香江水的一部分。可是羅大佑，這些在香港高度炫惑城市中因
為你的歌曲而化為碎片的人們，化為碎片的人們，他們破碎的心可以被
整合嗎？如果可以，那我們又如何需要星空？

油麻地

# 排練室

　　那是一個潮溼的春天，2014年因為參加蔡明亮導演新劇《玄奘》的演出，那段時間我三天兩頭地往新店的山上劇場排練室跑。這是一個視野極佳，可以俯瞰整個新店與桃園山區的幽靜排練室。由於常年走山，我認得遠方許多山頭。在新店排練室那段時間，我不斷跟著蔡明亮討論、琢磨這齣不容易演出的劇的每一個細節。我猜想，蔡明亮並不想把《玄奘》變成一齣戲，而是想把「戲」變成一段「時間」。他或者想著，玄奘法師在沙漠中漫長取經過程中的某一個夢境，其實是貫穿著現代香港的場景、貫穿著芥川龍之介筆下的地獄之絲、貫穿著蜘蛛、珠江、南音……劇場是一種我所未曾經歷的精密肉體工程，我們的排練每每都從杜煥地水南音的〈男燒衣〉開始，當像精靈般悠忽，飽含珠江三角洲水氣的南音一響起時，我就成為創造李康生夢境的那隻鬼。

　　後來我明白，眼盲的杜煥在進入香港電台以及富隆茶樓演唱南音之前，流浪在油麻地的廣東道上已多年。在失眠的夜裡，依偎著街邊，以混濁呼吸一般南音唱頌他自己寫的人生故事，他一生的故事幾乎等同於整部香港現代歷史。多麼不可思議的油麻地，那麼多人在妳身上棲息、忙碌、打架、終老……那麼多故事因妳而生，而死。就像杜煥坐在廣東道對著倥傯的路人，用一把古箏唱著他的身世，在那一刻，他可能是整個世界上最孤單的人：

　　　　我想我本人乃係三不幸呀。一不幸者，是自小家貧，係貧窮嘅出身……二者，生來時歪兼命寒啊。在於幼年慘遇做咗個失明人。三者究竟如何不幸啊，因為近來世上，個個唔鍾意南音，近今這種歌詞係就無人、少人幫襯啊。時勢唔同，我哋啲舊人，真正系三不幸。

這幾年因為經常往返「活化廳」，白吃白住一段時間，有時候會想，是不是自己終究欠油麻地一篇文章。我雖自知，油麻地根本不在乎有沒有多一篇文章，相對於它的身世、它經歷難以計數的快樂與悲傷紀事，以及它所幾乎代表的香港近代發展史來說，油麻地會少我這篇文章嗎？

# 籠民

居港期間，有一段時間住在德昌里的阿志那邊，這位神祕的阿志，反資、因為養貓而不吃肉、無條件金援德昌里的無政府主義者、總在下午三點出門、從事低調而難以捉摸的行業……關於他的事蹟簡直可以另起一本小說了。在阿志那邊，我住的是一間面向西九龍的小房間，這樣大小的房間在台灣大概沒什麼，但是在油麻地簡直算得上豪宅。第一次到香港的時候，由於正在進行《藝術觀點ACT》的「世界無住屋」專欄，曾經想過要寫關於「籠民」的故事。事先我查了很多九龍城寨不可思議的故事，也在網路上看了1992年張之亮導演的電影《籠民》，裡面還有泰狄羅賓年輕時候的樣子，同時還找了很多天台屋的事情。但是實際上到了香港以後，雖然發現我所居住九龍半島一帶擁擠的生存空間，其實就像是一個巨大的籠屋，可是真要找1992年張之亮導演的籠屋、籠民場景，已經很難了。

某次，李俊峰帶我爬上觀塘一帶的天台屋群，其樣態類似於台灣的「頂樓加蓋」。可是香港的天台屋仍然維持一定的港式作風：超量的空間運用。本來每一間天台屋應該只能住一人，可是他們卻有辦法塞了一家子人在裡面。這種簡陋的房子被香港政府稱之為「僭建」，一般來說都屬非法，屬性與早期的寮屋很像，兩者大概都與台灣頂樓加蓋的違章建築意思相當。但是跟台灣不一樣的地方在於，住在香港天台屋的居民

多半貧窮，因此常常被當成二等公民對待，房子說被拆就被拆。該族群遂成為近年香港的人權、左翼運動團體投以關注的場所。

有一天，我獨自摸進廟街二十一號裡一間廢棄無人的空房子，才終於親眼目睹什麼是「籠民」的感覺。空房子位於油麻地著名觀光景點「廟街夜市」裡，廟街二十一號是一棟老舊的五層公寓，樓頂長了一棵很有趣的大榕樹。油麻地附近沒有什麼森林，因此這棵榕樹的種子應該是經由鳥糞從遠方傳播來的，榕樹的樹根包覆著頂樓的水塔。在九龍半島的水泥森林裡出現這樣一棵榕樹，好像宣誓著自然永遠不會消失般。事實上，油麻地附近還住著一位叫Micheal的藝術家，就在油麻地頂樓養蜜蜂，生產蜂蜜。當我偷偷潛入這棟廟街二十一號已經無人居住的公寓時，從現場遺留下來層層疊疊的床具發現，不到二十坪的室內空間，裡面曾經同時擠過約莫二十人。瞬時，似乎有一部看不到的電影在我眼前溜過，關於這二十人的汗味、睡鼾聲、細語聲，彼此的關心、猜忌、愛情……其中一個門板上還留有嶄新的香港警政署警徽標誌，應該是香港警察偶爾會回來這棟公寓巡查。臨走的時候，我又不由自主地順手將那個精美木質警徽拔回去作紀念了。

回到德昌里的阿志那邊。從阿志家門口下來那一條街叫做新填地街，就是早期油麻地填海造鎮所填出來的，繼續轉個彎就到了廣東道，是的，這就是杜煥早期路邊獻唱的廣東道。這條路是貫穿油尖旺地區歷史發展的重要道路，早上油麻地這一段的廣東道是大型的傳統菜市場，很像母親以前在博愛市場工作的那種「早市」。攤販有賣黃魚乾的、魚皮的、蔬菜的、水果的、現殺魚的、現宰豬肉的……傳統市場真是一種活化石，它保存了人們以前的生活型態，供應人們基本的衣、食用品，而不是虛妄的創造性衍生商品。我喜歡市場這塊活化石。

時常，走在廣東道就像通往一個時光走廊，讓你禁不住時常左右張

望。好像空氣中依然留存著過去人們生活的影像、氣味。站在廣東道，假如你朝更遠的尖沙咀方向望去，那裡，九龍半島的尾巴有一個通往珠江三角州的碼頭。數百年以來，碼頭收納著人們跨入這個城市第一步時的悲傷與喜悅，隨後這些悲傷與喜悅，以南方這個尖沙咀碼頭做為起點，像滿天的星辰般，被一隻看不見的手整個拱起，朝北方的九龍、新界，拋撒在香港這座城市的每個角落。

　　珍珠！

# 接待室

我們要有說話的權利。

——台大法言社《快報》刊頭，1937

天地以萬物為芻狗，若非狗，則為蟻。

老錢死後，落寞的張正光只能將心意放回他的蝦子事業上。當時的台灣仍處於戒嚴，「三井」在珠江三角洲一帶收購的蝦子，必須經過複雜的「轉口貿易」才能打入台灣的市場。其做法是將所有中國捕獲的蝦子裝箱，先以海運送往日本，然後整批進行「換名」，把原有箱子上面「中國到日本」的封條換掉，轉貼印有「日本到台灣」字樣的封條，再從日本的橫濱港回寄台灣的基隆港，由台灣方面的合作夥伴接收，讓「共匪」養的蝦子能夠成功內銷台灣市場。由於過往與共產黨交鋒的挫敗經驗，台灣的警備總部對任何與共匪往來者，幾乎都施以嚴密的監視甚至追殺之。對於像張正光這樣與中國民間接觸的人，即便往來的對象只是一般的貧賤漁夫，都會被視為「通匪」，因此轉口貿易之行事必須極為低調謹慎。

安康接待室

# 蜻蜓飛入蜘蛛網

　　百密或有一疏，出事的一天終究來了。1973年張正光將一批為數百來箱的蝦子，直接從中國的珠江三角洲船運送往日本。抵達橫濱港之後，由於換箱工人的疏忽，導致「換名」過程中漏掉其中一箱，該箱依然保有「中國到日本」的封條字樣。當換箱工人信心滿滿地關上船艙後，匡啷一聲，就像為台灣的接應者輝仔關上生命的大門一樣。

　　這批蝦子從橫濱港再度啟航，輪船像急著追捕獵物的鯨魚一樣，逆著黑潮勇猛地破浪前進。抵達基隆港以後，這百密一疏的「中國到日本」箱子，以及箱子裡所躺著上萬隻渾然不懂冷戰、政治是什麼的蝦子，立刻被當成了通匪的證據。由於茲事體大，張正光的合作夥伴輝仔立即被海關人員帶走，被送往警總位於八堵的辦公室拷問。出事前幾天，由於輝仔的眼皮不斷跳動，心煩的他還特意跑到八堵的仙公廟求了一張籤，看到籤文，他心頭霎時涼了半截：

　　陽世作事未和同
　　雲遮月色正朦朧
　　心中意欲前途去
　　只恐前途運未通

　　這張籤是仙公廟「六十甲子籤詩卦象：第四十八籤──辛亥籤」，籤註是「蜻蜓飛入蜘蛛網」。現在，輝仔終於領悟到蜻蜓飛入蜘蛛網的意思了。因為驚嚇過度導致雙腿無力，他沿路被用拖的拖到八堵車站附近警總的秘密辦公室，隨後輝仔又因為驚嚇過度而漏尿，並患了短暫失語症，幾乎說不出話來。這一年，對岸中國大陸的文化大革命還處於餘

波蕩漾的階段，中共政權正陷於四人幫與周恩來之間的殘酷爭鬥，兩岸局勢瞬息萬變。八堵辦公室的主任認為涉及通匪、不願說話的輝仔很不單純，懷疑可能涉及更多的通匪案，應該趕快呈報上級，於是以內線電話第一時間通報了當時的警總司令劉將軍。

司令劉將軍長相圓潤飽滿，威嚴且肅殺，乃天生的將才。1949年劉將軍在上海保衛戰中，居然能以寡擊眾擊退解放軍。那一年，劉將軍手上雖僅剩一千多人的單薄兵力，但是他重重佈防，到處設陷阱，命令部下不斷的左右跑動，施以迷魂陣法，讓這一千多人感覺像是一萬多人之眾。在劉將軍悲壯、絕望的部署中，居然在月浦一帶重創共產黨軍隊，是整個渡江戰役兵敗如山倒的百萬國民黨隊裡，唯一的一筆勝績。同時也因為長期與共產黨作戰，他對共產黨恨之入骨是可想而知的。當劉將軍在電話中知道有一位不願說話的「通匪者」時，他馬上下令將這位「堅不吐實」的匪諜送往新店山區的安康接待室。

## 安康

安康接待室正是戒嚴時期拷問、收押政治犯的地方。美麗島事件的黃信介、施明德、廣播名人崔小萍也都曾收押在此。但偶爾安康接待室也收容一些暫時不知道該如何處理的匪諜案者，其中不乏被冤枉的人。這是一棟「迷惑式建築」，整個監獄佈滿當時先進的Sony牌攝影機及監聽犯人用的隱藏式麥克風。由於蓋在山坡上，剛被押進來的人犯一旦進入一樓的拷問室之後，隨即看不到外面的風景，失去了對外界的感知。拷問完以後，緊接著會被送往一個陰冷、潮濕的地下坑道，來到「下面」的牢房區。事實上這是調查局精心的設計，拷問室與牢房區都是一樓，只是一個在坡上、一個在坡下而已。因此黑暗中，囚犯總是以為他們是

被關在地下室。

安康接待室位於安坑地區一座隱密山頭，左臨溪澗深壑、後倚山坡，只有前面一條直直道路與外界聯繫。也許是山區飽含溼度的緣故吧，接待室的空氣非常陰冷、潮濕而寧靜，裡面有一種說不出來的詭譎，進入這裡就像到了幽冥界一般。

在拷問室中，輝仔意識到自己的生命頓時形容枯槁，壯有歸色，幾度暈眩過去，但又幾度被冰水潑醒。警總的拷問技巧此時已發展成高度純熟的技藝：拷問的人分兩組，第一組由一位代號叫李長城的少校負責，第二組則由一位代號叫傳道世（輔導室）的少校負責，通常第一組會施以嚴刑拷打，接著第二組傳道世出現後，則給予許多溫暖、關懷。很多犯人都是在傳道世少校的溫暖、關懷之中認了莫須有的罪名。

在連續四十小時交錯逼供、無法睡覺的疲勞審訊之後，輝仔終於在傳道世少校的香菸、咖啡安慰之下招認了，雖然他只招認是在做三角貿易，但拒絕承認「資匪」、「通匪」，可是這就足夠奪走他的性命了。連帶的，在痛苦的逼供過程中，「張正光」這三個字也從輝仔的口中給招供出來了。

1973年的冬天異常寒冷，不知道為什麼，那年的安康接待室裡囚犯的床底潛入許多蛇類冬眠，最多的當然還是龜殼花。輝仔隔壁牢房關著一位疑似「共匪同路人」的W，每天晚上夜寢時分，W的哭泣、呻吟聲傳遍了陰暗的牢房。那個年代裡，有許多人僅僅因為某種說不出來的嫌疑，便卡夫卡式地進入了牢房，就讀T大生物系的W也是。W說，那天他只是前往附近的蟾蜍山想要抓幾隻台北樹蛙準備回來做研究，沒想到一不小心翻越國軍的航空雷達站地界，被駐軍活逮，依要塞堡壘法送給調查局。調查局的人認為W根本是假藉抓青蛙研究之名，前往蟾蜍山考察軍事雷達站。彼時又適逢台大哲學系的「通匪」事件，因此整個台

北城籠罩在一片緊張肅殺的氣氛中。W被捕時因為驚嚇過度，手上裝滿台北樹蛙的塑膠袋掉在地上，樹蛙們忽見生機，紛紛活蹦亂跳地逃走。那一刻起，人、蛙從此殊途。W的深夜哀嚎在某一天忽然停止，因為嗜吃青蛙的龜殼花爬入牢房準備冬眠時，被W所驚醒並反咬了他，生物系的W下場便跟他的研究對象青蛙一樣，死於台灣最危險的毒蛇嘴裡。

供出張正光之後，原本輝仔還相信傅道世少校所告訴他不會判死刑的說法。但從獄卒口中聽到隔壁房的W在受盡凌虐之後又死於毒蛇之口，加上每天晚上輪流從不同方向飄來的哭泣聲，他事實上已經在心裡判自己死刑了……。

在台北，「張正光」這個陌生的名字傳到劉將軍耳邊。隨後，也許不到一秒的瞬間，劉將軍隨即簽發對他的暗殺密令，並且同時下達輝仔的槍決命令。很快地輝仔就被押到鄰近的安坑刑場槍決，在他死前，依然說不出一句話，蜻蜓飛入蜘蛛網的畫面爬滿他的眼球。


## 小狗


對於那些錯生於時代的蟻民而言，死刑者的血液如同一部龐大機器的潤滑劑一般，死亡的烏雲很快就飄到張正光的頭上。在劉將軍簽了暗殺令以後，命令很快就傳到香港灣仔海外工作站王主任那邊。那時候的警總在香港、新加坡、菲律賓都設有正式的海外工作站，並與當地中華民國駐外大使館有所聯繫。特別是香港，由於國民黨在當地擁有非常多效忠者，而中共也一直希望將左翼勢力引入香港。很多對「鐵幕」中國的情報，多半必須經由香港進出，因此當地幾乎成為警總所有海外工作業務中的重點區域。警總的殺人機器，是由一批俗稱「小狗」的跟蹤、暗殺人員所組成。「小狗」受過高度而專業的匿蹤、殺人技巧訓練。為

了暗殺張正光，警總派出了一個嘉義出身，代號「復興」的「小狗」殺手前往香港。

這個殺手「復興」，從小生長在嘉義竹崎的鄉下地方。民國五十五年進入海軍服役，因為體格壯碩而被選入當時最嚴格的海軍爆破大隊。爆破大隊是一個比地獄還苦的地方，每天游泳一萬公尺就不說了，結訓時還有一項關於勇氣的測驗：「吃活蟑螂」，蟑螂吃得夠多，勇氣分數自然加高。「復興」曾在竹崎的鄉下烤過蟋蟀，可是當手上接到一整個塑膠袋活蟑螂時，他猶豫了，隔壁的同袍顯然也沒有一個人想先嘗嘗生吞活蟑螂的滋味。時間好像靜止了一般，只有那些蟑螂的腳不斷地刷在塑膠袋，發出吱吱聲響。「復興」想起竹崎老家，爸爸媽媽一輩子是窮光蛋的筍農，住在連陽光幾乎都不願眷顧、靠近奮起湖的山坳裡，要讓他們脫離這樣不見天日的生活，只有通過爆破隊的訓練、提升自己的收入才有可能！想到這點，「復興」毫不猶豫把整袋蟑螂倒到嘴裡。咀嚼之間，他忽然感到嘴中的蟑螂竟有一絲幸福、甜美的味道。因此，「復興」在海軍爆破隊獲得了第一名，並被送往警總深造。

渾然不覺死神即將降臨的張正光，那一天照例下午工作完畢，順道去了油麻地茶樓，聽聽藝人演奏地水南音。在返回黃大仙道的唐樓住家時，忽然發現鑰匙插不太進去。這樁暗殺像一場鬧劇，也可能是黃大仙顯靈了。顯然殺手「復興」在台灣沒有受到很好的開鎖訓練，在開鎖潛入張正光家中準備埋伏時，居然把人家的鎖頭弄鬆了。張正光一開始覺得有點奇怪，正想準備轉身去找樓下的鎖匠。這個時候，屋內的「復興」也感到鎖頭可能被他自己弄壞了，除了懊惱不已外，「復興」焦躁如熱鍋上的螞蟻。他想，萬一張正光沒有進門，很可能意味著張正光會去找鎖匠，那麼事情就會變得更加複雜，因此焦躁的「復興」衝出門去準備來個「明殺」。已經在下樓途中的張正光，驚覺有一種莫名恐怖的力量

168

正在接近，就在門被打開的那一瞬間，他發現一個身著黑衣的身影對著他衝過來。發現「復興」以後，張正光立即連滾帶爬的衝出樓下，並對黃大仙道上熙來攘往的群眾高喊：「有小偷！」這位台灣省警備總司令部特別偵查站的殺手「復興」先生，忽然尷尬地成為小偷，連滾帶爬地逃離現場。

像蟑螂一樣。

走尪，利澤簡，2014

季新村

# 海邊遺老

　　有機會來到宜蘭縣五結鄉的季新村，完全是因為與張正光老先生的一段莫名因緣。在此之前，我其實不太理解「因緣」是什麼。但是當張正光突然往生以後，也許是虧欠，也許是好奇。總之，好像有一種奇怪的力量，在往後的歲月中，安靜地將我牽引回到這個不熟悉的季新村。往後，隨著接續許多事情的開展，一點一滴地，我跟老先生的因緣就在這種無形力量的有情作用之下，在季新村貧瘠的沙地上，開出莿桐般豔紅的花朵。

　　第一次看到張正光三個字，是2013年進行《廢墟影像晶體計畫》的過程中，我從聯合報宜蘭縣駐地記者簡榮輝一篇〈當年入神風特攻隊他死裡逃生〉報導裡，得知有這樣一位曾經以學徒兵的身分，參加過神風特攻隊自殺攻擊倖存下來的老人，住在偏遠的宜蘭縣五結鄉海邊一條叫季水路的街上，那篇報導全文是這樣的：

　　「美軍砲火打來，我沒時間害怕，因為要活著回去！」宜蘭八十三歲獨居老人張正光，二戰末期擔任日本神風特攻隊員，出自殺任務，在沖繩戰役中於美軍戰艦旁墜海，逃過死神召喚，是台灣唯一出自殺任務

張正光，2013

生還的神風隊員。

1945 年日軍在太平洋戰場節節敗退，十七歲的張正光在大阪念書，原本是日本國土學生兵，因體格壯碩，被選為神風特攻隊員，負責操控飛機武器系統。張正光被派到沖繩的基地待命，隨時準備起飛迎擊進犯的美軍艦艇。明知自殺任務一去不復返，隊員們嘴上不說，但忐忑的心情全寫在臉上。張正光接下任務後，「起飛前的御前酒，一滴也喝不下。」

與眾人道別後，張正光和另八架神風飛機悲壯起飛，執行自殺攻擊，試圖扭轉沖繩戰役的戰局。途中張正光與隊長被美軍攔截追擊，在美軍艦艇旁墜海，被救起後關入戰俘營。美軍認為台灣是日本殖民地，因此給台灣人較好的待遇。一個月後日本戰敗，張正光被遣返回台，額頭留有墜機傷疤。

二戰後，日本企業無法進入中國市場，精通日語的張正光受日本企業委託到香港辦事，將台、日、港三地貿易經營得頗具規模，想不到因一張「香港到台北」空運貼紙，被國民政府誤認為「通匪」，發布政治通緝令，他只能滯留香港。張正光再次受死亡威脅，「警總兩次派人殺我」。幸虧香港政府搭救，張正光平安留在香港經商，直到台灣解嚴，已五十八歲的他思念家鄉，從福建搭漁船偷渡回台。

經歷神風自殺任務、美軍砲火、警總追殺等人生起伏，如今張正光獨居宜蘭濱海小屋，靠著每月七千多元的老人年金過活，淡然看待自己的傳奇故事。

——簡榮輝，《聯合報》，2013.2.18

約略得知張正光的生平後，依循著簡榮輝在聯合報電子版上刊登的那張照片，我潛入宜蘭南機場舊址，也就是二戰時候的神風特攻隊飛行

場，希望用炭筆將張正光的相片畫出來。那邊現在已經都荒廢了，包含幾座日據時代停放神風特攻隊戰機的半圓型水泥機堡，以及後來國軍蓋的一些油庫建築、倉庫、廚房等軍事設施。為了畫張正光，前前後後去了那個軍事廢墟六、七次。每一次都是在獨自一人的狀況下進行，多半時候，只有蘭陽平原的斑鳩、白鷺鷥和一些說不出名字的水鳥，混合著蘭陽平原空氣中瀰漫的稻香，寧靜地伴隨自己。

作畫時，我時常會想起多年前的許多次個人旅行，帶著一台FM2一三五底片的相機，想要當一位深入民間的報導攝影者。多年前啊多年前，我曾經也想起這些年來，「時間」究竟帶給了我什麼？有一次在隔壁的軍事廢墟畫另一張神風特攻隊從九州鹿屋機場起飛時的歷史照片，隔壁廢棄的營房忽然出現一群可愛的小狗，各自卻發出一種超乎想像的瘋狂、尖銳的嘶吼聲。前往一看才猛然發現，這群正因為啃食其中一位同伴的屍體而發生激烈的爭吵。那一天剛好南機場附近也正在進行漢光演習，不時傳來砲聲巨響，有一批軍人在距離不到一百公尺的地方抽菸，我必須小心謹慎不被軍方發現，而這群瘋狂的小狗有一陣子令我擔憂自己會曝光。

那時候，我希望將這張壁畫畫完以後，未來有一天能夠帶張正光先生到現場看。


## 蘭陽平原


後來，透過簡榮輝，我真的取得張正光的聯繫方式。2013年7月，燠熱的蘭陽平原，我帶著陽明大學社科所的助手C，一同前往位於五結鄉季新村季水路三十六號的張正光先生租屋處採訪。那天，我們開車穿越雪山隧道，我記得車上自己一直在碎碎念新自由主義全球化的問題，

從布雷頓森林條約、柴契爾主義一路抱怨到雷根主義、1989年的華盛頓共識……說個不停。可是當車子一出雪山隧道，眼前如詩如畫的蘭陽平原瞬間開展在眼前時，我就住嘴了。

我早應該住嘴的，對於這片承載自己十七歲以來那些化不開的憂鬱之地，我怎麼能隨便在她身上談新自由主義呢？

車子一到羅東交流道附近的國立傳統藝術中心，依循手機GPS判斷，我們雖然很接近張正光的住處，可是卻迷路了。C開始撥電話向張正光問路，只見C的手機約莫十分鐘沒有離開過耳朵，焦慮中，有一些汗珠從他的臉頰流下來。原來C只是想問他是不是要在前面的紅綠燈右轉，可是張正光卻跟C補充陳述了十多分鐘的「斑節蝦救台灣計畫」，然後才接著說：「對啊，右轉。」

剛踏入張正光先生位於季水路三十六號的簡陋平房，立刻會被一股狗臊味所迷惑住。那是一隻和他共同居住的大黑狗長期散發出來的味道，張正光說他自己也不知道這隻狗的名字，似乎也不想為牠取名字，他都管牠叫「小狗」。於是，這隻大型的「小狗」就這樣跟著這位孤獨的老人共同生活在這間五結鄉臨海破爛的平房小屋。我開始架機器準備對張正光採訪，同時告訴C怎麼使用攝影機，我希望他能夠做側拍紀錄，雖然這是C人生第一次摸攝影機這玩意兒。隨後，張正光開始暢談他那「斑節蝦救台灣計畫」。那是一個猶如星空一樣龐大的宏偉思維，關於斑節蝦復興運動，關於建請教育部在嘉義以南廣設十所斑節蝦大學（當然，我猜他應該會向教育部長自薦為「斑節蝦聯合大學」的校長），關於斑節蝦如何能夠最終改善、解決台灣在世界上不是一個「國家」的名義問題，以及關於他如何與蝦子說話，李登輝跟他的淵源……。

站在這間充滿狗臊的屋子，聽著張正光的宏偉計畫，那簡直比我想自己的博士論文還難！以至於我必須經常從這個、那個畫面費力地切換

來切換去。我知道張正光非常認真地想要推廣「斑節蝦救台灣計畫」，以此終極方案來解決台灣長期無法加入聯合國的問題，但有時候我覺得，基本上他比較像一位詩人。採訪的過程中，我陶醉在這種不可能任務的想像裡，覺得這種即刻的瞬間既真實而甜美。

這不就是詩嗎？

## 神之膠水

獨居老人張正光在季水路門口貼了一張「黃大仙靈籤」，那正是他從香港帶回來，保佑自己躲過國民黨特務殺手的同一張靈籤。但是，在季新村這個平埔族噶瑪蘭族加禮宛社聚落遺址之地，貼一張「黃大仙靈籤」畢竟怪怪的。往廚房裡面一看，居然還有另外一尊黃大仙神像在飯桌旁。張先生說，黃大仙很靈驗的，是他在香港時候的守護神，也是黃大仙跟香港政府幫他逃過警總的追殺。同時，令我驚訝的是，他的廚房裡面全部都是泡麵跟三合一咖啡包，打開電鍋一看，兩坨泡麵正靜靜地躺在電鍋裡準備變成午餐。張先生說他每天只吃泡麵，而且他只吃早餐及午餐，當然都是泡麵，下午三點以後就不吃任何東西了。他還強調，這樣吃最健康！

但是，當我想要進一步探問他過去在神風特攻隊的事蹟時，他有點抗拒，說那種殺人的事情還是少講一點啦，現在的重點要全力放在斑節蝦的運動。我猜想應該是不希望當過神風特攻隊這件事情，阻礙了他未來預計發展的斑節蝦計畫。採訪結束後進入閒聊階段，因為幾天前不小心受傷，他的小腿出現一個長約五公分、還不算小的傷口，尚未痊癒。張正光拿了一瓶國小美勞課用的膠水瓶，朝小腿上的傷口來回塗抹着。

「阿伯，這膠水瓶裡面裝的是什麼藥水，可以擦在傷口上啊？」我

真的以為膠水瓶裡面有某種長得像膠水的神藥，於是好奇地問了。

「沒有啊，這就是文具店的膠水啊。」張先生驚人地回答道。

我們採訪張正光的那一天，也是他生前倒數第十二天。十二天以後，張正光在自家門口因為心肌梗塞驟然去世而倒在路邊，被路過的海巡隊發現時身體已經僵硬，不久以後即被送往羅東殯儀館，屍體在停柩室裡等待了八天。

一直到民國102年7月23日，他帶著那整套詩學一般的「斑節蝦復興運動」，星化於羅東壽園火化場的烈焰之中，從此消失在世界上。在獲知他死訊之後，有一段時間我幾乎陷入無法說話的狀況中。

一個「布拉哈瑪晝夜」究竟有多長，八億六千四百萬年嗎？我想那已經不重要了。

# 偷渡

勸君切莫過台灣
台灣恰似鬼門關
千個人去無人轉
知生知死都是難

——〈渡台悲歌〉

警總對待海外異議份子的原則是「寧錯殺一百，不放過一個」。而當無法殺掉對方時，警總就會想辦法毀了他的一切。殺手「復興」暗殺張正光失敗以後，不久後又派出一位代號「神州」的「小狗」秘密前往香港刺殺張正光。也許又是黃大仙的神力使然，也許老錢的幽靈暗中保護也不一定，兩次暗殺居然都被張正光驚險躲過了。死裡逃生的他後來申請了香港政府的保護，終得免於警總一再的追殺，但也因為這樣，他被國民黨政府列入「白色恐怖」的海外黑名單，長期無法回台灣。

## 斷絕

時間一久，他在香港的生活已經穩定下來，錢也賺了不少，可是住

蘭陽溪口

在台灣彰化的妻子秀吟及兩個女兒，通通因為他涉入匪諜案，三天兩頭被警總、刑警以及地方派出所的「組仔」問話、跟監，精神上已經接近崩潰。加上兩個女兒之一的岱紋，居然在田尾鄉下離奇出車禍身亡。種種打擊下，讓秀吟決定帶著僅剩的女兒岱芬，一起搬到高雄縣大樹鄉的山上隱居，完全斷絕跟張正光的往來。

他記得最後一次通電話時的情景：

「秀吟，妳那邊最近怎麼樣了，組仔甘擱有來找妳們？」張正光緊張地問道。

「……」

「麥煩惱啦，這支電話號碼組仔不知道，沒在聽啦！」

「……」

「喂？喂？喂？」電話那頭毫無音訊讓張正光更為緊張。

「……你這個卡淡，我跟你講我已經煩死了啦，我們整年透天被刑事組擱警總抓去問話，上星期岱芬的老師又來家裡坐了二個小時，管區擱卡免講，照三餐來家裡。岱紋死了，到現在都還不明不白，岱紋是怎麼樣死的，我看她不是出車禍啦，我看她是被你害死的啦！我跟你講我已經煩死了啦！你在香港在那邊賺爽爽，我們在這邊過什麼日子你甘哉？」秀吟終於忍不住發飆，山洪暴發似地抱怨了一堆，最後用力掛上電話。

她早就忍不住了。這些話應該是秀吟已經想了很久，早就想講的。她覺得因為張正光成為「匪諜」，帶給她們母女生活上的影響實在太大了，她已經決意和張正光斷絕往來，並且搬到更鄉下的地方重新生活。自從幾年前張正光獲知田尾的卡桑走了以後，現在好了，妻子秀吟以及女兒又決定完全斷絕與他的聯繫。眾叛親離，幾乎讓他覺得自己猶如一個廢人。

張正光掛上電話後，遊魂般地走在香港街頭。街頭依然散發著東方之珠的美麗與哀愁，可是眼前的一切，對這位異鄉過客而言，只會讓他感到加倍的孤獨而已。他前所未有地想念台灣，那一刻，眼淚悄悄從眼角流下。

「算了吧，回台灣。」他無助地想著。

因為秀吟執意斷絕關係所帶來的打擊，讓他開始熱烈地、前所未有地思念家鄉，好像多年前被拉去當學徒兵的那段期間，他同樣無限且無助地想念南國台灣一樣。只是現在不用再出自殺攻擊的任務了，他總是可以想辦法花錢解決這件事。

「我要回台灣，但是卡桑死了，秀吟也不知道去哪裡了，我要回彰化做什麼？不回彰化，我要去哪裡？」張正光再也不想回到彰化這個傷心地了，他想起曾經有一個交情還不錯的表哥住在宜蘭，聽說美術之路走得不順遂，後來在宜蘭市的臺灣銀行工作。好吧，不如就去宜蘭吧，張正光心裡默想著。他辭去「三井」的工作離開香港前，特意去了一趟黃大仙祠，希望求個籤請大仙指引來路。那天，也是離開香港前的最後一晚，他在大仙面前抽到了第二十九號籤：

鱸魚作膾菊花黃
美酒盈樽近晚涼
泛掉正當潮上候
這般佳景樂無央

　　　　　　　　——中吉。古人占驗：張翰思鱸

古人張翰當然知道，要在世局動盪的晉朝當官不易啊。想當年，他還跟豪放的阮籍並稱「江東步兵」呢，眼見齊王的天下就要傾倒了，張

翰在時局紛亂之刻決定棄官返鄉，據說促使他返鄉最關鍵的原因，就是他忽然看到故鄉的鱸魚，因此人世間有「張翰思鱸」一說。

抽到這張籤，對於決定返鄉的張正光，心中更加篤定了一些。

1986年，恰恰在解嚴前夕，五十八歲的他決定偷渡回台灣。雖然他可能不知道，隔年台灣就解嚴了，到時候黑名單一解除，可以直接坐飛機回台灣，就像多年前他搭乘舒適的民航空運公司班機來到香港一樣。從地圖上看來，福建的平潭島最接近台灣，自然也成為當時大陸過剩勞動力偷渡台灣淘金的理想出發點。那時候偷渡客可以選擇兩種不同的交通工具，首先是一般漁船，航行速度慢，翻船風險高。其次是高速的「黑金鋼」，那是一種體積小、速度快的高速引擎小船，比一般偷渡船隻的花費高個十萬台幣，也就是約六十萬新台幣左右。由於偷渡生意興旺，日子久了，當地的農民、漁民逐漸不捕魚了，紛紛改行當起「蛇頭」（偷渡販子），因此當地流行著一句話：「蛇頭比鋤頭多」。而坐船偷渡的行話則叫做「坐桶子」，一般最熱門的偷渡方式，通常會先以大船載運偷渡客開到公海，再換「黑金鋼」小艇全力衝往台灣。

對於當時的張正光而言，錢並不是太大的問題，因此他豪邁地選擇了全程搭乘「黑金鋼」回台。

## 坐桶子

洶湧的台灣海峽，運載過多少人的希望，但台灣海峽的海底，卻不知道沉澱著多少人的屍骸。在清帝國對台灣的海洋禁令尚未開放時期，即有一句「六死三留一回頭」的俚語流傳下來，訴說著渡海的艱辛、危險。隻身一人，五十八歲的張正光雖然知道自己沒什麼好擔憂的，但仍掩不住心中的不安。坐上狹小的「黑金鋼」後，人生幾度生死交關的畫

*183*

面一一浮現。他想到彰化田尾母親亡故時，因為自己被列入黑名單而沒有辦法回台奔喪，見見母親最後一面。這個遺憾，連同遙遠的鈴木同學、沖繩的佐佐木、老錢，這個他香港唯一的摯友……記憶像流星般穿越他的腦海，集體流往一個巨大的黑洞，世界彷彿只剩下他獨自一個人還活著。極度的孤獨湧向他，雖然能夠在幾度生死交關存活下來，但如今，活著對他來說反而像監禁般的處罰。

　　在僅有一坪大船艙裡，還有另外一位沉默、肅殺，渾身散發中年男子憂鬱氣息的大哥，他們兩人各自帶著大小行囊，混著汗酸擠在這小小的桶子裡，奔向生死未卜的行程。小桶子「黑金鋼」穿越洶湧的台灣海溝時，滔天的巨浪幾乎要將小小的「黑金鋼」淹沒。船身劇烈晃動，船上那位像是準備回台大幹一票的黑道大哥男子突然「哇！」一聲，不斷地將嘔吐物噴向張正光。由於船身劇烈的晃動，張正光並沒有閃躲的空間，只能以身體接受了大哥餽贈的嘔吐物。憂鬱中年男子的大哥感到非常不好意思，以至於在船終於偷偷登陸頭城海邊的時候，大哥暈眩地對張正光說：「兄弟，對不起，噴得你一身，我叫林花果，我住季新村，以後有事來找我！」這位林姓角頭，後來成為季新村村長。

# 拜水的廟

　　季新村，彷彿就是一個長期泡在水裡的村子，所有的事物，包含那些走在街上的人們、坐在門口、好像一整天動都沒動過的老人們，路邊搔癢的狗兒們、偷瞄你的貓兒們，那些廢墟、垃圾掩埋場，構樹、林投樹，那些魚寮、海巡哨……都好像剛剛從污黃的河水裡走出來的樣子。

## 仙水寺

　　村子裡有一座廟，名為仙水寺，跟張正光貧困的海邊小屋之間直線距離也許不到六百公尺吧。據說那是一座供奉觀音、但最早又是「拜水」的廟。我聽說福建沿海有一些拜動物的廟，例如拜青蛙、拜烏龜、蛇……但是「拜水」的廟我倒是第一次聽到。

　　張正光先生死後，我決定用很長的時間，一點一滴的理解季新村，在決定以張正光作為這本小說題材時，也曾對季新村做了一番資料蒐集。彼時，仙水寺就被我鎖定為首要目標。後來覺得這種鎖定目標的做法還滿無聊的，這讓我失去很多其他東西。基本上，季新村剛好位處海洋、沙崙交會之處，張正光又剛好養蝦，這一切似乎都跟「水」的意象有關。因此一開始我希望「水」這個概念，能夠成為貫穿張正光一生的

仙水寺，2015

小說、甚至影片的主意象，後來我漸漸放下主意象這個玩意兒，希望能夠一次次慢慢的接觸，慢慢理解這塊地方之後再說。在往後查資料的過程中，總是會有許多驚喜之處，例如國家圖書館典藏的1924年《仙水寺改建捐題碑記》上面就記載著：

　　陳金泉金四百元，林乞食金一百元、賴老茗金一百元、林大目金一百元、林阿全金六十元、胡慶森金六十元。泰發商行陳金泉、花蓮港賴伍通、石將軍，以上各四十元。俞石頭、陳大□、陳福全、林豐茂、林藤藍、邱老嬰，以上各三十元……

　　時常，我喜歡看著這些多年前人們的名字，「乞食」、「老茗」、「藤藍」、「老嬰」……光從這些有點土味，卻彷彿充滿植物、食物味道的名字，就可以發現一種迷人的歷史距離。有時候夜間到仙水寺，我會穿越雕工華麗、日光燈照得明亮的天井，先向大廳主祀的觀世音菩薩以及兩側的諸神點香。等香煙裊裊升騰之後，遂滿意地走出廟門，看看廊道左右兩側的神鶴、神龜銅雕，拍拍照。繼而走到外面的「仙水亭」，看一下已經封住的水井，想像傳說中能治百病的「仙水」長什麼樣子，順便打量一下圍牆左右門柱，兩隻奇怪的、我一直不太滿意的銅鑄大象（弄這兩隻大象要做什麼？）最後不免在廟埕廣場上甩手甩個上百下，看看平原的星空，聽聽附近的蛙鳴、平原的聲音……這種完全老人化的行徑，恐怕是我與季新村融為一體的最佳方式吧。

## 走尪

　　這個村子位於冬山河出海口一帶，千百年來就是一個低窪地。過去

因為冬山河經常地氾濫，使得這個地區動不動就泡在水裡，這也是為什麼季新村一帶養鴨、養魚、養蝦、養鰻等養殖業特別發達的原因。同時，因為地勢低窪，過去經常造成疾病、瘟疫橫流。因此包含利澤簡、季新、新店、廣興……等「八大庄」就聯合起來，在每年的元宵節舉辦「走尪」的去邪儀式。

說起「走尪」，宛如這塊低窪之地所埋藏的瑰麗珠寶。那天，天空飄著細雨，永安宮的兩具紅、綠色、約莫兩人高的護衛「大神尪」開始出發，晃動著駭人的身軀，在震天價響的鞭炮聲中，沿著利澤簡大街小巷除邪。無形之中，那些妖氣、邪靈紛紛由各戶人家的角落竄出，穿越、流離在人潮熙攘的利澤簡街道上，最後消失在漓漓細雨的天空中。此時，永安宮的天公爐會被信徒暫時移走，坐在金碧輝煌的御龍飛天神龕裡的主祀神媽祖，便從永安宮廟裡移駕到廟門前廣場，接受來自其他各庄的眾神請安。

此刻，細雨迷離的天空中，一條無形的金龍開始舞動、盤轉於天際，護衛眾神。三太子從夾道的人潮中出現，在永安宮廣場的正中央跳起華麗的舞蹈。來自加禮宛仙水寺的觀音佛祖、開山廟的開台國聖、奠安宮的福德正神、成興帝君廟的關聖帝君，甚至遠從王公廟的老三王公神也一同共襄盛舉，一一乘坐神轎，排隊向坐鎮廣場上的媽祖請安。

天將晚時，來自各庄的神轎紛紛退往遠方。信徒們堆滿金紙，在廣場前升起了一團大火，熊熊的火光照亮百年永安宮廟門，像是一場深夜的電影場景即將開拍一樣。突然之間，遠方各大庄的神轎輪流開始往前衝。吆喝聲中，信徒們使盡所有力量，步伐一致、同心協力，高速穿越長達數百公尺的利澤簡老街，扛著神轎飛奔穿越廣場前那團熊熊火焰，整個過程被人們稱之為「過火金」。「過火金」儀式結束以後，天空中護駕的金龍慢慢收縮著，目珠發出的銳利眼神掃向寰宇大地，像在行將

離去之前為媽祖所做的最後一次巡視般，爾後，緩慢地回到陰鬱的太虛之中。大地上，「過火金」結束的神轎通通回到廟埕廣場，一字排開領受媽祖的令旗，期待來年各庄豐收、平安。「走尪」的習俗從瘟疫蔓延時代延續到今日，也代表著這個泥沼之地在過去如何飽受淹水、疾病之苦。

而水從哪裡來？我曾聽說一個故事：冬山河上游，大概就是現在的冬山鄉新寮村、舊寮村一帶的山區吧。假如你願意調閱中央氣象局的年雨量統計圖，會發現這些山邊小村的年雨量幾乎都是全宜蘭縣排行榜第一名，就像大台北地區年雨量第一名總是出現在坪林的火燒寮一樣。據說新寮村、舊寮村這邊埋伏著冬山河的九條支流，古老的傳說認為這九條支流是九隻桀驁不馴的龍，每當暴雨時刻，九條龍就會從口中噴出凶猛、濁黃的滾滾河水，像火龍口中噴出的烈焰般，將冬山河下游所有的村落淹沒。

關於村落淹沒的另一個描述，我記得宜蘭作家黃春明先生曾寫過一段極為動人的描述。老家在羅東鎮歪仔歪（現今仍有一座橋叫做歪仔歪橋）的黃春明，在一篇文章裡面寫到洪水。他說某一天夜裡，睡夢中的歪仔歪村民忽然聽到一陣陣急促的鑼鼓聲，巡水的村民用鑼鼓警告村民，上游河水氾濫，即將淹沒小小的歪仔歪村落。睡夢乍醒後，整個村子就像麻線球一樣陷入一團混亂，村民拚命找尋身邊所有可以漂浮的盆子、木板……不用多久，洪水果然像山上巨龍般凶猛，不出兩分鐘，整個歪仔歪的居民、家具、雞鴨都騰空浮了起來，歪仔歪瞬間成為河底。印象中，黃春明寫道：

大水過後，絕望、疲憊的村民慢慢回到歪仔歪，試圖重建他們的家園，但是等到他們走到村落的時候，眼前是一片平坦，整個歪仔歪已經

被洪水帶來的土礫，深深地埋在地底了。

這個景象讓他們更加絕望。

# 水下

這裡，無數的村落都曾在水下度過絕望的日子。以至於你總會覺得，這些地方的村落都還留有一種淹水過後、無法散去的潮濕霉味。有人曾經用「做大水的歷史」，嘗試以另一種觀點來書寫宜蘭近代史。這種方式令我感到非常驚豔，也許我們也應該來寫一部「以搶案為主軸的台灣史」、或者一部「從泡沫紅茶到五十嵐的台灣史」……而水下所埋藏的歷史，多麼像一部無名者的憂傷史啊！那些沒有名字的人、沒有身分的人、那些沒有能力爬到高處躲藏洪水的人、那些默默留在廉價沙地上工作的人……那些人，不都是被水掩埋的人們？

而季新村總是令人感到像是剛做完一場大水，也像剛從令人絕望的土礫堆裡挖出來的一個村子。只是不知道為什麼，迴盪在村子上空的霉味、蝦臭、鰻屍，空氣中的潮濕味，總是令人感到比百貨公司一樓化妝品專櫃飄出來的味道更加實在，這終究是人、動物身上流露出的液體味。好像錯落在綿延十數里的魚塭、蝦塭，根本不是為了什麼八〇年代新南養殖區這種地方人為工程所開鑿的，而是冬山河那九條兇猛巨龍噴出的洪水過後，積累在人間的水窪。或者是天上觀世音菩薩眷顧人們所賜與的水塘，滋養了這個不毛之地。有時候我也覺得，那些廢棄的魚塭裡面，說不定還深埋著一些人們的淚珠呢。

在我逐漸走出過去生命中的難關，來到季新村以後，竟也像個剛從水裡面走出來的人一般。這裡，好像有許多看不見、離散、死亡的人們，用他們缺席的身影（包含張正光、包含加禮宛，以及更多更多……）

默默將我從季新村洪水過後的石礫堆裡挖掘、考掘出來。同時我也很高興，逐漸地我的無聊人生，竟然能夠與這個地方的無聊感融為一體，雖然有時候也會遇到強勁的對手：居然還有比我更無聊的人會在這個地方出沒（這簡直是無法忍受的事情！）有一次在魚塭拍攝的時候，聽一旁種菜、來自蘇澳鎮的J老先生說，隔壁廢棄的魚塭有一個人住在台北市木柵，多年來每個星期有三到四次，傍晚大老遠從木柵開車到這裡釣魚，有時候一釣就釣到天亮，然後趕在太陽起床之前，扛著釣到的福壽魚，披星戴月驅車回台北。

「那個人根本是肖耶！」J老先生說。

「係啊！哪有這款肖耶！」我其實有點吃醋的回答。

# 斑節蝦

如果那篇長下去就是一個波赫士式的建築，寫得太順，如有神助，幾乎是可以以身殉道的夜晚，小說之神要來斬你的頭，那晚我覺得非常恐怖。

——駱以軍

1986年，張正光從福建平潭乘坐「黑金鋼」，在成功登陸宜蘭頭城海水浴場後，輾轉到了季新村。為什麼要去季新村呢？其實都是因為蝦子，還是蝦子！他去香港是因為珠江三角洲的蝦子，輝仔的死也是因為蝦子，而今倖存下來回到台灣，下半生居然還要與蝦子為伍！

## 蝦靈

剛從頭城上岸，躲過海巡隊的巡邏之後，張正光和那位嘔吐物噴得他一身都是的林姓大哥匆匆分手，各奔前程。初到宜蘭的他，原本計畫前往宜蘭市的臺灣銀行找唯一可以依靠的表哥，可是進去一問，才發現表哥也因為自己的「匪諜案」，不斷受到警總經常性盤查，終至受不了而離職遠走了。無依無靠的張正光最後只好找了當初那位噴得他一身的

斑節蝦塑像，宜蘭

林姓大哥。江湖人總是講義氣，1986年正是宜蘭地區斑節蝦養殖旺季，林大哥說他在季新村的老家空下來了，那是一間破破爛爛的矮房子，反正空著也是空著，乾脆叫他先住在那裡。至於做什麼呢？張正光太老了，實在不適合跟在自己身邊當小弟進進出出的。林大哥晃頭晃腦想著，不如就看看附近的養蝦場有什麼活兒可以做吧。

那間矮房子就是季水路三十六號。

剛開始，張正光在附近的「一路發養蝦場」做些粗工，例如攪拌飼料、清理蝦池、餵蝦、撈蝦、洗蝦……「蝦！」「蝦！」「蝦！」「蝦！」「蝦！」……由於生活中充滿了蝦子，以至於有一段時間他只要聽到「蝦」字就會渾身不舒服。某夜，張正光夢到一隻五層樓高的巨蝦，像鬼一樣從「一路發養蝦場」池子裡爬出來。據說因為這些蝦塭裡埋藏了太多人類哀傷的眼淚，也殘留太多的「激增素」，因此蝦子在吃了這些眼淚之水後，瞬間漲大，從塭子裡面爬出來。

上岸後的巨蝦，憤怒地想要摧毀整個季新村。這事驚動到附近利澤簡消防隊出動雲梯車，甚至蘭陽地區的作戰旅都緊急從員山一帶調出坦克車準備將牠轟碎。但是巨蝦從塭子爬出來以後，呈現了天下無敵的狀態，並開始用牠的觸鬚憤怒地掃蕩季新村一帶的矮房子及魚寮，一時之間，利澤簡消防隊的雲梯車無法接近。可是當牠爬到季新村核心地帶，也就是以前的加禮宛社遺址時，忽然有一股力量讓牠停住了，像樹林龜崙嶺那隻巨龜一樣停住了，此時，巨蝦彷彿陷入深深的迷惘之中。趁著這個難得的迷惘片刻，利澤簡消防隊的兩台雲梯車加足油門，前後包抄將長長的雲梯刺向牠龐大的身體。就這樣，巨蝦在迷惘及痛苦之中扭曲地死了，被移送到蘇澳港邊的水產加工廠分解。

據說，那隻五層樓高的巨蝦在蘇澳水產加工廠準備被電鋸分解時，口中還曾發出人類一般嗚嗚哇哇的聲響。水產加工廠裡有一位工人剛好

是噶瑪蘭族的後裔，他聽出巨蝦口中的喃喃巨響，像是一連串意義不明的噶瑪蘭族語，漂浮在充滿魚腥味的加工廠屋頂，久久不散。

張正光從這個怪夢中驚醒後，霎時間感到荒涼無比。滿身大汗的他回想，這一生要不被戰爭毀了、要不就被蝦子給毀了。自從做了巨蝦之夢以後，他決定從蝦子身上討回公道。

仗著理工相關背景，張正光著手研究各式各樣新穎的養蝦方法，試圖克服現存於養蝦界的技術難題。例如蝦池容易因為靜止不動的水而滋生病菌，蝦體也會容易髒髒的，賣相不好。養蝦人通常習慣用打水機攪拌，可是效果總是有限。為了克服這點，他發明了一種流水式的養蝦法，將蝦池設計成宛如遊樂場一般的迴旋構造，透過加壓馬達讓水快速循環。快速流動的水除了讓蝦子身體不再容易「卡髒」之外，也讓蝦子長期處於亢奮狀態，讓牠們有置身於遊樂場般的快樂與衝勁，帶給蝦子夢一般的環境。那時候，林大哥正跟一些道上兄弟圍標利澤簡附近龍德工業區預定土地，大賺一筆，張正光於是說服林大哥投資他的養蝦生意，當他把潛心研究的各式各樣設計圖攤開時，當場愣掉的林大哥覺得這種人才真是不投資不行啊！同時他忽然又再次對自己在偷渡時，對這位人才噴得一身嘔吐物感到有一點點抱歉。林大哥大筆一揮，投注三百萬給張正光。

擁有獨立蝦池後，張正光的一生終於從蝦子身上扳回一城。在他經營的遊樂場式流水養蝦池裡，他的蝦子總是長期處於不停運動、歡樂的狀態，因此全身肌肉都發展得比別人的蝦子結實，肉質更為鮮美。假如我們讓他的蝦子跟季新村地區其他人所養的蝦子一起參加智商測驗比賽，說不定他蝦子智商還會遠遠超越其他人的蝦子呢！

1945年神風特攻隊的衝撞對張正光所造成的身體變化，也許再次幫助了他，因此有時候他也能感覺到蝦子在想什麼。蝦子要的不只是飼

料，還有人類的柔情。他覺得人類某個頻道上跟這種節肢甲殼類動物互通得，不然如何能夠解釋他所夢過的那隻五層樓高巨蝦，那隻巨蝦不就是因為喝了人類悲傷的眼淚才忽然漲大的嗎？必然有什麼東西是人、蝦共通之處。

每當他來到池子餵蝦時，就會柔情地發出哼哼嗨嗨的聲音吸引蝦子。一點一點地，彷彿邪惡地撩撥十八歲少女的心房一樣，慢慢地誘惑、餵食這些蝦子。快樂池的蝦子們由於長期處於高速運動狀態，經常陷於亢奮、極樂且疲累的狀態，每每看到一位口中發出哼嗨怪聲的老翁身影出現時，那就意味著用餐時間到了。此時大家便紛紛擠出最後一點力氣，逆游而上，像馬克思所講的「鐵一躍成黃金」般紛紛飛出水面，在空中爭相搶奪邪惡老翁手上撒下的食物。運動果然有許多好處，由於他的蝦子運動量大於其他人養的蝦子，肉質極為鮮美、甘甜，因而逐漸成為市場寵兒。在他養蝦事業最高峰時，甚至連當時的總統李登輝家族也祕密派人私下跟他買蝦，他也被季新村封上「蝦王」的榮耀。

## 瘟疫

然而，養殖業畢竟是門高風險的行業，就像夢境般易碎。1989年開始的一場無名蝦瘟，席捲了整個宜蘭斑節蝦養殖業。研究指出，因為人們過度放養、過度用藥，導致某種怪異弧菌在各個蝦塭滋長並擴大起來，死亡的蝦子普遍呈現眼球發白、身體萎縮、肝臟、胰臟等病變。在這場台灣水產養殖業歷史性的重大事件裡，從北部礁溪的大塭、時潮一帶，翻越蘭陽溪到季新村所處的新南養殖區，所有的蝦塭彷彿都染上了某種不知名的疾病，像歐洲中古時期的黑死病一樣，屍橫遍野。就連張正光那精心設計的快樂蝦池也無法倖免於難，他幾萬尾美麗的、運動健

將紀政似的斑節蝦兒女們通通在這場黑死病中倒下，從此沒有爬起來。

　　再也沒有爬起來了，除了張正光自己以外，整個宜蘭地區的斑節蝦養殖業也從此沒有真正爬起來過。唯一爬起來的，也許是那隻僅存在於老先生的夢中、喝過人類悲傷淚水的五層樓高巨蝦的魂魄，迴盪在季新村上空久久不去。據說，染過蝦子弧菌的蝦塭，即便將池水放光換水，從此也都無法再養蝦了。也許是因為累積在蝦塭的弧菌、化學藥劑、人們的眼淚、情慾、加禮宛族的委屈，黏附於塭底的土壤，終年不散的緣故吧。

　　如今，季新村一帶新南養殖區的魚塭仍有許多是荒廢的，張正光也因此散盡家財，靠著每個月新台幣七千塊的老年補助金，終老於季水路三十六號。

新社村，花蓮

加禮宛

季新村馬良廟，右邊鐵柵欄內埋有加禮宛人遺骸。

# 馬良

頭目被凌遲處死，相當殘酷。他被綁在大樹上用刀片慢慢割，早上大概九點左右到太陽下山才死。這是我祖母親眼看到的，他的太太約二十分鐘就死了，清兵把蓋房子的柱子的大圓木劈開一半，將頭目的太太放在劈開的圓木上，再蓋上另外一半的圓木，然後清兵踩在上面。清兵叫阿美族來看的意思是說，如果阿美族人再反對的話，下場就是這樣。

——潘繼道，〈林來旺口述加禮宛事件〉

## 水系部落

有時候我懷疑，自己前生是不是住在蘭陽平原的噶瑪蘭人？不然為什麼會對他們的歷史那麼感興趣？好幾年來，只要在書店、網路看到有「噶瑪蘭」三個字的書，我就會像邪靈附體一樣，魂不守舍似地掏出口袋中僅有的中華民國貨幣，跟書店交換那些書。久了，自己也忍不住覺得為什麼自己這麼怪，有一回我煞有其事地問母親，我們到底有沒有平埔族的血統？

「有喔！」母親說。

「我們是西拉雅啊！你外祖母過去就住在屏東的山邊那一帶，她是

純西拉雅人喔！」接著母親說。

「喔，真的。」聽到母親的回答不是我要的噶瑪蘭時，其實有一點很奇怪的高興不起來的感覺！

無論如何，不是上輩子、上上輩子、不然就是上上上輩子吧，反正我一定曾是噶瑪蘭人。

剛開始來到季新村，「加禮宛」這個字眼就像魅影一樣吸引著我。噶瑪蘭是水系部落，有河、有水的地方就很容易能找到他們聚落的遺址，因此我判斷季新村、跨越冬山河往北一點的錦眾村、東港村一帶應該有一些舊的噶瑪蘭聚落遺址才是。其中有一些噶瑪蘭社的名字非常優美，例如過去往來台二線時，常常會看到一座橋叫「貓里霧罕橋」，這是噶瑪蘭貓里霧罕社的舊址。貓里霧罕啊霧裡貓喊……往往你會覺得，這個如今已消失的噶瑪蘭小村落，過去是不是經常起霧，會不會曾經每家每戶都養了幾隻貓，以至於經常很多貓在霧裡面走來走去、喊來喊去呢？

關於貓里霧罕，人類學家伊能嘉矩曾有一段記述：

10月20日，到距離東港西南約二町處的貓里霧罕社（Varivuhan）訪問。這一個平埔番社分為上、下兩社的樣子，我所訪問的是下社。這裡社番用一種草莖，編成長方形的草袋；也用自織的麻布，先折成三角形，然後製成布袋，袋口都加縫繩子。

——第十九回〈台灣通信〉，《東京人類學會雜誌》，1897

貓里霧罕這個像夢一般的地名，令我想起高雄有一個沒有去過的地方，叫做「夢裡村」。剛開始知道這個地名，是在一張民國八十年出版的高雄縣地圖集裡看到的。會找到夢裡村這個地名，跟我有著一種非常

奇怪的怪癖有關：熱心研究地圖。民國八十九年在左營軍港當水兵時，我買了那本高雄縣地圖集，當每一次軍隊放假大家去唱卡拉OK時，我總是自己一個人依循著地圖，租一輛摩托車到處闖闖、到處看看。那時候我就注意到夢裡村這個奇怪的地名。多年後心血來潮找了一些資料，發現這個怪異名字的由來，是因為那一帶曾經存在大片的烏樹林，夢裡村就在這片烏樹林裡面，以至於人們都搞不清楚它真正的位置，只好說這個村子就在「夢裡」。

漸漸地我發現，季新村這一帶方圓數公里內，古噶瑪蘭聚落超乎想像的多。貓里霧罕社就不說了，什麼奇力板、婆羅辛仔宛、留留、奇澤簡、加禮宛……有些名稱往往有著美麗的意涵，例如奇澤簡（現今的利澤簡）在噶瑪蘭話的意思是「休息的地方」。假如我們願意逆著美麗的冬山河向上航行，我們會遇到瑪荖武淵、南搭吝、里荖、武罕、珍珠里簡……這些古噶瑪蘭聚落的名字，靜靜躺在我腦袋中最不會動用到的區塊整整超過十年。奇怪的是，它們也像神秘民族遺留給人們的符號、咒語一樣，深深刻在人們的腦海中，久久無法遺忘。這些神秘民族，如同賽夏族巴斯達隘裡面善施巫術的矮黑人、存在於菲律賓與印度尼西亞之間的洋面上，沒有國籍的巴瑤族、大漠之中面臨滅族的最後一隻黨項羌騎兵隊，那是外省人，那是本省人。

所有這一切，噶瑪蘭聚落迷人的名字、呼喚，彷彿僅存在於神話裡，猶如遙遠星系裡一些白矮星的名字。我常常為她們而著迷，好像這是自己在世界上僅存唯一的依據、迷戀般。自從到了季新村以後，我才逐漸發覺現在的村落正是過去的加禮宛社遺址，也才知道加禮宛曾經作為溪南（西勢）第一大社，如何遷出水的故鄉，千隻「莽甲」流離太平洋面，在1878年撒奇萊雅族那最後一夜，敗北在百花怒放的奇萊平原。

# 馬良廟

　　有一陣子只要有空的話，我不是上山，就是在往季新村的路上。在村落，可能的話我會用走路的方式，慢慢散步在這個山海交界的貧瘠地帶。有一次來到季新村的核心地帶，那是一個由百來戶平房、透天厝組成的小社區，忽然間被社區活動中心旁邊一座小小的大眾廟所吸引。反正窮極無聊大概是我在季新村唯一的行為特質，遂前往這間大眾廟混了一下。大眾廟整體來說與其他的「陰廟」感覺差不多，陰森而令人敬畏。但是在廟裡牆上我又看到了一個令人困惑的詞：「馬良廟」，馬良是中國《三國演義》裡面的那個馬良將軍？那麼跟專門收容亡魂、厲鬼的大眾廟有什麼關係呢？

　　回台北以後一度想要解決心中的困惑，然而因為生性懶散加上國事如麻，這時而查查、時而耽擱，一瞬間就是半年。半年以後才驚覺，大眾廟就是為了埋葬、祭祀過去因為興建季新村社區活動中心的蚊子館，在施工現場所挖出的人類遺骸。而這些人類遺骸正是過往噶瑪蘭溪南第一大社加禮宛的人骨！想通的瞬間感我到非常吃驚。更吃驚的是，「馬良」一詞其實不是三國演義裡的馬良，而是與噶瑪蘭語「馬璘」一詞有極大的關聯。

　　什麼是「馬璘」？這是一個我並不陌生，有時候也令人會感到氣憤不平的名詞。簡單來說，「馬璘」在噶瑪蘭用語裡意為「不潔、不祥之地」。例如說某一塊地有人枉死，那麼生性潔癖的噶瑪蘭人會視之為不潔之地，另尋新的開墾地。聰明的漢人往往利用這點，故意將一些撿到的流水屍、無名屍丟到噶瑪蘭人的土地，噶瑪蘭人往往因此而離開，然後漢人緊接著佔領這片空地。據說，噶瑪蘭基本上採行土葬，但是遇到農忙時，會將往生者的屍體放置在事先搭好的竹架子上，暫且聽任其腐

爛。而這些放置死者的地方也叫做「馬璘」。這個意思，跟我們現在說的第幾公墓第幾公墓之類的應該差不多。因此，季新村的「大眾廟」取名叫做「馬良廟」，我就覺得稍微可以理解，但是為什麼不乾脆取為「馬璘廟」，不是更不會造成混淆嗎？

至於加禮宛社為何會離開現在的季新村？我曾經讀過噶瑪蘭和吳沙的分分合合、以及其與漢人集團廝殺糾葛的經過。例如1802年，漢人以九個姓氏組成「九旗首」圍攻今日的宜蘭市以及員山鄉的土地，佔領並開墾之。但是，舉凡加禮宛社眾為何出走蘭陽平原一事，對我而言依然是個謎，僅能約略從文獻的斷簡殘篇中得知，1830年到1840年間，加禮宛社因為漢人壓迫而遷移到花蓮的奇萊平原。這十年間，好像有一千個、一萬個故事被掩埋在季新村這片水下之域。

加禮宛社來到奇萊平原以後，曾與撒奇萊雅族（當時稱巾老耶社）進行了一場轟轟烈烈、台灣前現代時期的反貪腐行動：「加禮宛事件」。據說戰事期間，加禮宛的同盟撒奇萊雅族，聚落周圍密密麻麻種植了厚達五、六十公尺厚的刺竹林圍圈，因此除了狹小的入口以外，沒有人能進得去。清軍統領吳光亮在損失慘重後終得要領，以燃燒的風箏及帶火的箭，從空中火燒聚落，造成加禮宛和撒奇萊雅最後的崩解。

往後的歲月，從季新村遷到奇萊平原的加禮宛，又再度流離到更遙遠的花東海岸，建立了「新社」部落。殘餘的撒奇萊雅人則悲傷、零散地混入阿美族人的聚落，假裝阿美族人、學阿美族講話、學阿美族的習俗。發動「加禮宛事件」首腦之一的撒奇萊雅頭目古木・巴力克被綁在一棵茄冬樹凌遲至死，而他的妻子卡娜邵則被清軍活活踩死，據說那棵茄冬樹現在還在花蓮的新城鄉。

# 伊能嘉矩的不在

10月10日在這裡停留一天，我利用這一天前往打馬煙訪問平埔番，打馬煙位於頭圍的東南海岸約一日里處。因為連日大雨後，河川氾濫，我脫掉洋褲，赤著腳涉渡大溪兩次，也過了無數的小溪流，再乘坐小舟到宜蘭河的下游才抵達目的地。這打馬煙是宜蘭地方最北的一個平埔番部落。

　　　　　　　　　　　　　　　——第十八回〈台灣通信〉，1897

　　也許，未來在某個深秋的日子裡，返回岩手縣故鄉等待終老，年邁的伊能嘉矩會不小心記起一種感覺，在他一生穿越學潮、退學、大日本主義、番人教育乃至於往後在台灣長達一千八百公里的繞島踏查途徑上所經歷的無數險境，包含在屈尺內山Hahao社（呐哮）差一點被原住民梟首的奇險經驗……一切終將宛如情歌般，穿越岩手故鄉路邊綻黃的漆葉，從遙遠的南方島嶼綻放、折射回日本。

　　那是一首泰雅情歌，在伊能嘉矩身處新竹上坪的那幾天，來自Maivarai社的一位女性在他面前用嘴琴吹奏的一首歌謠，有關一條紅線的戀曲：「你啊！快拿來那一條紅毛線，紮我的頭髮吧。只要一點毛線就夠，請你把我當成好朋友，把紅毛線送給我！」

加禮宛副頭目潘春福，花蓮新社部落，2014

# 入蘭

　　老人也許還會記得三十歲時的他，如何穿越土匪橫行、困難重重的三貂嶺，冒險前往帝國僅有少數警力駐防的噶瑪蘭平原。據傳這條穿越土匪、瘴氣、螞蝗橫行的「淡蘭古道」，是由一位叫做「白蘭氏」的漢人獨立完成的。也聽說，現今在瑞芳那裡還存在著一座「白蘭氏紀念碑」。由於一人入山開鑿出長達數十公里、被清朝第一任噶瑪蘭通事（相當於現在的宜蘭縣長）楊廷里稱為「蕉符肆志妖氛重」的僻邪山野，這種工程實在太不可思議了，因而人們認為這位被稱為白蘭公的單身漢在開闢「淡蘭古道」時，必有神仙下凡幫助。壯年伊能嘉矩在進入「台灣人類學協會」負責番人教育部門，開始「淡北方面平埔番調查」以及「宜蘭方面平埔番調查」時，便是由「淡蘭古道」進入宜蘭的。

　　那年，壯年伊能嘉矩總共在宜蘭停留了二十四天。對於一位原住民學者而言，僅用二十四天穿越整個宜蘭，幾乎僅能算得上是一種「遊記」吧。這點伊能嘉矩自己也承認，但是他渴望這次旅行，希望一點一滴從「科學」的角度，亦從民族學的視野，反駁清帝國以「生番」、「熟番」這種依循著人類開化程度來劃分族群的觀點。可是，也許伊能嘉矩沒有意識到他對番人所進行民族學式的科學研究，同時是一種將人類當成像山、石、海一樣的客觀對象加以研究，因而這種民族學很可能終究是一部偽裝起來的自然史。也許我會武斷地說，所有自然史、乃至於自然科學的形成，某方面而言皆鑲嵌在帝國主義的框架裡。


　　10月9日從蘇澳冒雨出發，走海岸線，涉渡溪流三、四次，步行約三日里到達利澤簡街。一行繼續匆匆往北走一日里多，抵達一個小港口的地名，叫做東港。這裡只有數十戶零星分佈的小村，因為有中國式戎

克船出入，船貨都在此裝卸，載運到宜蘭城，只設有一個警察分署而已。

——第十八回，〈台灣通信〉，1897

對於帝國主義，伊能嘉矩也許是懂的。可是我們最難理解的就是那種懂得帝國主義，批評帝國主義同時又身處帝國主義內部的人們。伊能嘉矩應該不懂，當年在1897年10月9日到10月10日這兩天的移動當中，從南方利澤簡到北方的貓里霧罕不到幾公里的路程之間，其實他曾經路過昔日號稱溪南第一大社的加禮宛。也許那個時候的加禮宛是一片空城，或是荒塚、沙崙及廢墟，以至於在〈台灣通信〉裡面，他居然漏掉本該是最大群落的加禮宛社任何記載。

## 海祭

在伊能嘉矩途經廢墟的加禮宛那天起，往前回推四十年。四十年前，在這一片百年以後被稱為「季新村」的台二線旁，蝦不活、狗不理、鳥不生蛋的小村子。1853年春天，在豔紅的莿桐花開季節裡，加禮宛社的頭目大肥宛汝正隨著族人前往海邊進行最後一次Laligi（海祭）。

一開始，年輕族人將一片片香蕉葉接連平鋪在沙灘上，諸位長老各手持竹杯，裡面斟著族人自釀的小米酒，澆淋在原本已經略微潮濕的沙灘上。接著，長老們復又手持三塊生豬肉，奮力地拋向前方的太平洋。有些人力道似乎不夠，因此蘸紅的生豬肉塊就遺留在沙攤上。最後各自手持一支竹籤串起來的豬肉塊，有點像BBQ的烤肉串般，魚貫地插在海浪與沙灘的交界處。長老說，海浪那白色的浪花是祖靈的嘴巴，這些肉串是獻給祖靈的。在每一次海祭過程中，豬肉皆代表了「向海換取魚肉」的重要象徵物。長老說，這些豬肉是用來獻給神靈Dazusa（意即：

人外之人或第二人的意思，Da是人，Zusa是第二的意思。）如果獵人不勤奮打獵，Dazusa會反咬這個懶惰的獵人，使他生病，失去力氣。

就這樣，海祭過程中那些還帶著一點餘溫的生豬肉片，隨著長老的手被拋往遙遠的太平洋海面，用以祭祀海中的Dazusa。隨後他們忘情地唱歌……大肥宛汝痴痴地望著眼前灰色的海洋，像突然想起什麼似地，不自覺地將目光轉向他身邊族人。他發現，族人的臉龐通通浮現著與眼前暗灰色的海一樣蒼老、不安。大肥宛汝心裡浮現著一個終於必須接受的事實：這是最後一次海祭了，海祭過後，貧無立錐之地的加禮宛人夾雜在時空縫隙之中，最終決定集體遷往遙遠未知的南方。

加禮宛族坐船離開平原，像一群行走在滿佈著刺人、尖銳碎玻璃上的沉默水牛。肩上駝著的與其說是家當，不如說是包裹了族群的魔術、靈魂以及記憶的各種零碎物件。那又如何不是走在失望的平原夜裡、瀰漫著恐怖氣息的行軍？數千名加禮宛社社眾在暗夜中慢慢移向南方港口，準備搭乘那些被稱為「蟒甲」，昔日象徵噶瑪蘭驍勇善戰的獨木舟，一批批逆著黑潮划向南方的Patohogan，傳說中的靠岸之地。

## 廢墟

遭到岩手縣立師範學校退學的伊能嘉矩，在離加禮宛族最後一次海祭四十年後，重新以「番務調查員」的身分前往台灣，展開了新的生命歷程。當他來到空城加禮宛，像是誤入一個老舊遺棄的賭場一般。加禮宛人就像不斷在一次次煙霧瀰漫、爾虞我詐的歷史賭場裡賭到脫褲子的人們，終於在某一次瘋狂覺醒之後，發現自己已經徹頭徹尾輸得精光，在身無分文之下，只好帶著全家老小、細軟，以及整個族群的魔術、記

憶。以生命為賭注，又一次像那最後一支游離在新崛起的大漠吐番國聚落與蒙古鐵騎兵夾縫之間，同時也在古老的祖先怨靈追擊下，潰敗的黨項羌騎兵隊一樣，逃往南方那塊也許潛伏著各式各樣瘋狂的，身高長過家鄉的大葉橄欖樹，膚色深過家鄉海岸墨藍色黑潮的怪物，那是南方恐怖的太魯閣番、善於百步外射箭取魚的阿美番……那個叫奇萊的黑色平原，是不是存在著更恐怖而無情的獵首、殺戮？

來到加禮宛廢墟前，伊能嘉矩在東京「土俗會」中義正辭嚴，主張集中資源與金錢支助他來到台灣探險。在「東京府教育會」進行「台灣番地探險實話」演講裡，用他一貫宏偉的陳詞：「我長時間入山調查，其中的一個目的，是要查明山上的番人是什麼種族？試著要加以分類。要調查人類，有五個基準藉以判準，也就是體質上的特徵、習俗的現況、思想發生的程度、語言的異同，以及口傳歷史。」對他來說，更重要的是從人類學家、探險者、殖民當局的角度對番地進行大刀闊斧的「番人教育」。在伊能嘉矩的心裡，自從二十三歲於家鄉岩手縣，因為鼓動自由民主的觀念，成為「鬧學潮」的首謀者而被師範學校退學，也許是這樣的遺憾，加上對人類學的興趣，讓他轉而對遙遠殖民地的遙遠山區，那些邊緣中的邊緣番人們，產生了教化他們的激情。

我太不了解伊能嘉矩了。我們怎樣面對一位懂得帝國主義、批評帝國主義同時又身在帝國主義內部的人？在他身上，一直不自覺地發散出戰爭最溫柔、理性且科學的一面。我的小說，緊扣著張正光這條軸線，但卻又在某一個時刻離開、轉入張正光這位無名者所居住的故居，加禮宛遺址之謎，兩者糾纏出的軸線：戰爭部署，以及眼花撩亂，戰爭的各種名詞、道具像雨一般從天上落在我寫作電腦前的鍵盤：八幡皇護隊、櫻花彈、蟒甲、廈門五通港、牛島滿……一如德勒茲在那一千個迴旋的夜晚中，恐怕已經在他寫作的稿紙前看過這番景象。關於戰爭的原始力

量，關於戰爭如何反過來克服了帝國，克勞塞維奇的相反：

總體看來，戰爭機器的暴力會顯得比國家裝置的暴力更為溫和與靈活：這是因為它尚未將「戰爭」作為目的，它擺脫了國家的兩極。這就是為何戰士在其外在性之中不斷抵抗著法學家、國王的聯盟與協約，同樣，他也不斷地瓦解著有魔法的帝王的束縛。他既是解放者（解束縛者），也是變節者，雙重的叛逆。

——德勒茲，〈公元前7000年：捕獲裝置〉

慢慢地，作為有史以來最孤寂的戰士，大肥宛汝從百年後被稱為季新村的海邊出發，前往那片名為Patohogan的黑暗大地之前，轉身向他僅存的族人說：我們再也不要去漢人的公館了。那個與漢人之間，交織著各種名為交換、交易的場所，公館，說穿了就是一場騙局一場夢。我們悠揚的音樂以及虔誠的Laligi會在那種名為交換、交易、貿易的場所莫名其妙消失；我們那種割下敵人頭顱的方法與氣力，從目視距離之外強力拉弓射殺一隻梅花鹿的絕技，這些族群的生命技藝，都隨著一把一把從外地流進蘭陽平原更為精準的鳥槍所取代。在與十多萬漢人集團的懸殊力量對比下，捍衛母系社會的噶瑪蘭戰士，忽然成為世上最孤寂的人們。他們乘著千艘「莽甲」，航向被整個世界所遺棄了的時間裡。

今天繼續到南風澳海岸的猴猴社……
——第十八回〈台灣通信〉，1897

而伊能嘉矩依然在〈台灣通訊〉裡留下他對宜蘭的各種記述，除卻廢墟加禮宛之外。

# 三敆水

看哪！看哪！那就是海啊！

海水是鹹的哪！那裡面養著很多的魚。

有像火車那麼大的。

也有像你的小拇指那麼小的。

哼啊呀啊！看哪！

——黃春明，《看海的日子》

這裡總是下雨，好像你總要撐一把傘才能夠下海。

2014 年 2 月某一天晚上，三敆水出其意料地沒有下雨。我們來到這片海灘也不是一次兩次了，每一次都是下著那種要大不大的雨絲。對於我這種拍攝設備不太專業的「單拍者」而言，下雨意味著你要撐一把傘才能夠下海拍這些捕鰻人。要一手拿不太好按按鈕的 5D-II 攝影機、又想拿一根 Bone 桿收音、身上又揹著彷彿烏龜殼一樣的攝影器材包包，哪裡能夠多出一隻手來拿傘，而且還要下海？因此我先前的拍攝都沒有很成功。

三敆水的捕鰻人

# 捕鰻人

　　每年十一月東北季風吹起的時候，蘭陽溪口數十個簡易鰻寮就開始忙碌起來了。白天的時候，我很喜歡觀察這些形狀各式各樣的鰻寮，其構造、形態簡直令人感到一股無政府主義式的澎湃感。由於鰻寮通常都沒有鎖門（甚至沒有門），有些根本只是面向東北方的「一片牆」，因此偶爾我溜進一些無人的鰻寮，看看這些捕鰻人的日常生活物品。二月天，夜間的三敁水海邊，東北季風一如往昔吹來強勁的海浪。黑暗中極目張望，可以看到沿著海岸線有許多晃動的燈火、人形，那就是捕鰻人的身影了。捕鰻人通常穿著青蛙裝式的防水衣，拖著類似牛在犁田的個人式拖網，下海之後大約在水深及腰的高度以下，沿著海岸線方向平行前進。我曾經問過一位捕鰻人拖的時候有沒有什麼技巧，那位捕鰻人幽幽地噴著香菸說：「看牛怎麼拖就知道了。」

　　跟幾個捕鰻人隨意聊了幾句後，徵得同意以後一起下海去拍攝。過去因為下雨，我總是僅能在遠處拍幾個畫面，但能夠下海，在冰涼的海中，在海浪力量的拉扯之下，在海所給人的無形恐懼之中拍攝捕鰻人，依然令我感到與他們同在一起的心情。

　　有時候，我們實在應該常常晚上去海邊看海。在夜裡看海，不知道為什麼都會覺得比白天恐怖很多，好像海的原始魔性就藏在黑夜裡面一樣。白天看海，我們總是指指點點地，欣賞遠方天際線與雲朵交織的狀況。可是黑夜裡看海，只有海的力量，透過無邊無際的黑暗，啃食著你腳底下的海岸，好像海岸一不小心就會崩解了一樣。記得第一次看到這麼一群在黑暗中、浪潮聲中的捕鰻人，忽然有看到一群鬼的感覺，一群走在隨時行將崩解的海洋邊際上的人。這些人好像排隊似的，以緩慢、牛一般的姿勢前進，身上拖行著一些奇怪的器具。有時候當他們入海

太深，海浪會忽然將他們的身體撐起又放下，那時候你會緊張在那一瞬間，他們會不會被海浪吸走，永遠成為太平洋的一部分。但是他們也總能保持高度的專著及謹慎，遊走在這片行將崩解的地帶，像腳踩不到底的地獄之鬼，默默行進著。

宜蘭的海啊！幾乎乘載我半生的思緒。這片海，我不知道寫過多少文章，以至於感到再多寫什麼，都好像還是離妳很遠。國中的時候，作為一個文思泉湧又無處可去的少年，我曾經投稿那個時候的《青年世紀》（現在大概絕版了吧），把自己對於海，那種青春痘都排遣不了的情緒說個夠，但那怎麼會夠呢？當吳爾芙說海浪撲向沙灘是：「那麼多吻，吻在可憐的目光上」時，我們唯一能回報的只是我們貧乏的想像，而也許海洋所最不需要的就是人們這些想像。

往後的日子裡，像是追懷青少年時期逝去的那麼莫名其妙，我經常不由自主地起身，前往這片海岸，盡可能地從各個路徑前往各個海角，靜靜地坐著、聽海的聲音。有時候我會來到大里的海邊，當那裡的海水衝上岸時，會夾帶千千萬萬顆大型卵石，日以繼夜、來回滾動。多年後回想起這一千、一萬顆大型卵石隨著潮浪前後滾動的畫面時，我會想起 Hindu 的「布拉哈瑪」，那是一個什麼樣的時間？從什麼樣的地方誕生出這種多麼不可思議的時間？而人們的每一次說話，是否就如同大里海邊這千萬顆大型卵石在相互碰撞、滾動間，所產生億萬個聲音的其中之一？有時候又會走到東澳灣的海邊，當海浪消退那一刻，我會聽到沙礫岸上無數的吱吱作響，那是海水從沙礫與沙礫之間，億萬個孔隙抽離、流逝掉的聲音。更多時候我會來到蘭陽溪以北的過嶺村，一如雷驤曾經到過的，那邊的海岸就像季新村一樣荒蕪，充滿蘭陽平原的垃圾、充滿海洋自身的物質、死亡的河豚、漁民的網具，但卻又充滿生命力。

「這裡很像故鄉台東的尚武村喔！」有一次帶著患了帕金森氏症的

母親去過嶺村的海邊走走，她這樣說。我想她真正想表達的是，跟尚武村一樣貧困卻迷人。

# 隔壁

在國、高中生的階段吧，時常翻閱戶外出版社出版的台灣旅遊書籍《戶外》，有幾本都快被我翻爛了，特別是「宜、花、東」那本。其中有一個畫面至今記得特別清楚，那是一張黑白照片，拍攝了季新村清水大閘門一帶的風景，有一個人正在撒網捕魚。那時候我並不特別清楚清水大閘門究竟在哪，只覺得那張《戶外》書中的照片有一種很奇妙的時空感，這是不是就是羅智成所說的「隔壁」呢？隔壁不是「遠方」，隔壁比起遠方多了一些熟悉感，有些地方是隔壁，有些人住在隔壁，可是我們從未拜訪過。這種熟悉感永遠有一種魅惑、難以跨越的距離，關於家鄉裡面的異鄉。多年後一個風大有雨的日子裡，我回到季新村，終於發現傳說中的清水大閘門原來就在季新村的三敆水。

現在，我忽然成為過去那張照片，也就是「隔壁」概念裡面的人了。眼前維繫著過往，使得這裡的時空非常的不像「現在」，甚至只存在於某個未明的過去。以至於你會覺得敞開在眼前的布袋蓮湖面，像一場夢最後收尾時的畫面：寧靜、窒息。

清水大閘門阻擋了來自太平洋的洶湧潮水，每每在颱風之夜，平日鏡面般的太平洋忽然幻化成一頭猛獸，在夜裡無情襲擊這個海邊小村落。可憐的季新村，除了必須提防遙遠山上冬山河源頭那九條噴水怪龍，還必須時時警惕就在隔壁的太平洋潮水。據說三敆水在風水上主人丁旺盛，民國三十年有一次全省乾旱，南部縣市首長聽了風水師的建議說要找一個三條水匯聚的地方拜拜，結果攤開地圖全台灣只有蘭陽溪口

的三岔水符合條件，一群高官顯達遂從南部驅車來到三岔水祭拜。我不知道後來三岔水終究為台灣帶來雨水否？可是我知道，包含季新村，以及蘭陽溪對岸的東港、廍後村一帶，除了貧瘠沙地上耕作的農人、討海人、討魚塭人，以及永遠無法再討什麼的老人以外，人丁真的很不旺盛。

我會來到三岔水，可能完全基於幻覺，然而這種幻覺甚至能帶人超越真實。我究竟僅僅會因為一面之緣的張正光，以及他的死亡，就這麼大費周章、不計油錢成本，有事沒事想要回到這個貧乏的鬼地方嗎？這是不是有病啊？或者說，剛好因為長期匱乏於一種對於人物、形象的捕捉，而張正光剛好就契合這樣的人物形象，於是他無論死活，作為一個對象，又成為我的「藝術計畫」之一？

坦白講，究竟為什麼我也說不上來，也許上面那種雙重匱乏是有的，可是這大概不會是主要原因吧。真正的原因也許一部分來自於三岔水這三條河川靜默注入海洋的不語之中，來自於海洋拍打著黑色沙岸的不語，來自季新村無數的亡者、精靈、神、鬼的不語，來自張正光的不語。有時候我覺得，當山川、精靈、神、鬼魂們通通不說話的時候，其實正在進行著徹底而激烈的表達。只是我們總是不懂吧。

# 台二線

畢業以後，我們回南部
根本無法找到滿意的工作
除非去省政府、合作社
學生時代的理想，我們所關心的
什麼生態運動、社會主義下鄉
都像尿尿
今晚撒在牆角
明早就消失了

       ——劉克襄，〈只有風〉，1984


  關於路，我們永遠不可能像謝特·瑞摩那樣，對那條來回行走三十七年，從麻薩諸塞州的居家到石丘學院之間的一英里路產生那樣大的興趣，投注所有的天文、地理、宇宙觀於其上。很抱歉，我們沒有那樣的雅興，我的路的故事也許比較像是周星馳式的。

  季新村這個鳥地方旁邊，有一條也許連鳥飛在天空時都不太會注意到的路，那條路叫做台二線。猶記前些年季新村的國立傳統藝術中心剛落成時，從頭城到蘇澳這段平行於宜蘭平原海岸沙崙的台二線南北二、

台二線路旁觀音亭

三十公里的距離間，只有大福有一家7-11便利商店，其他就是一些小漁村、空屋、空廠房、零星的檳榔攤……比較有人氣的反而是幾座地方居民的信仰中心，諸如女媧廟、三山國王廟、開彰聖王廟、大眾廟……

## 阿伯

我對台二線最早的印象，來自於一個荒謬的畫面。多年前，國二註冊那次頭城海水浴場曉課事件過後，時不時我總會回到頭城海水浴場看看。從頭城車站步行到海水浴場大約兩公里的路程，有時候我也順便趁著回程到純樸的頭城街道上悠晃一遭。那時候真的很窮，經常身上剩下不到一百元，勉強湊出一、二十元在車站前買蔥油餅吃，然後搭乘藍色平快車回台北。窮也罷，但坐火車覽盡人世風光，便覺得幸福至極。

記得有一次，盛夏陽光灑在頭城鎮通往海濱的路上，光線穿越兩旁低矮、眷村狀的房子，在路面上削出各種不同幾何形狀的陰影，強烈地刻鑿在午後的台二線，就像塞尚畫中飄忽不定、變形的陰影一樣。忽然間有一位全裸的阿伯從疑似眷村的矮屋裡衝出，由於矮屋處於陰影處，根本沒人知道他會衝出來。當阿伯的裸體衝出陰影之時，瞬間即受到宜蘭平原盛夏陽光榮耀式的洗禮，那一瞬間我忽然有一種說不出的、激烈的詫異、恐懼及怪異的靈性……

「幹！這是什麼情形？」我想。

幸好阿伯不是衝著我而來，否則也許我只有兩種選擇：馬上轉身離開，或者拿身上所有的東西砸過去。可是另一方面，阿伯鬆垮的老齡肉體忽然間受到宜蘭平原盛夏陽光洗禮的那一瞬間，好像關於頭城海水浴場的傷痛記憶，哥們相處的時光，國中受到升學主義無盡的摧殘，那冰冷無情的教室，極度叛逆的青少年時光，以及缺乏愛情的少年……這一

切，隨著路邊阿伯發光的肉體給人的驚魂一瞥，全部都沉澱下來了。

我也許在那一刻曾經感覺到自己的存在，這種感覺太強卻也太不明確了，以至於今日事隔二十多年後，當要回憶起那一條恐怕是個人在全省公路、省道浪擲生命排行榜第一名的台二線時，總會想到這一幕。

## 遊魂

往後十年，處於解嚴後台灣社會丕變的我，或與我同樣年齡層的六年級生。這些六年級生在那些年，簡直就像幾十萬條空氣中遊盪的遊魂一般，集體地活在社會在高速衝刺之後的鬆脫狀態。而過去那場長達二十年的社會衝刺，我們卻因為太小而無能參與。十年前參加台新獎頒獎典禮，主持人紀杯說：六年級生可能是台灣社會史上最悶的一群，明明不正經卻又一派令人感到渾身不對勁的正經樣。比起光看那張臉就滑稽得令人噗哧想笑、四年級的老年輕人紀杯，我完全感受到身上那種寄生於我們這個世代，正經樣貌的底下的法西斯。

在討厭的紀杯說出這樣的話之後，我開始想要尋找「悶」的理由。會不會是因為我們跟上一個世代，雖然同樣被注射了守法守禮整潔秩序的法西斯針劑，以及國民黨式的虛偽倫理。可是1987年解嚴前後社會動盪以及後續的野百合運動中，我們還沒有大到懂得去參加那些洗禮，以至於那種毒劑沒有找到適合的場所可以解毒。但是到了一切平靜後，在沒有大型社會衝突的年代中，我們逐漸感受到更重要的事情是追求眼前自己的人生目標。那些從小被注射的法西斯毒針不但沒有解毒的機會，反而在追求人生目標（而非社會公義）的路途上，變本加厲。

是不是那一刻，那位從台二線路邊竄出，在盛夏陽光下發出奇怪閃耀的裸體老伯，告訴了我們這個失去張力卻老愛假正經的世代中，如何

在一片莫名其妙的生命境遇中，自我瘋狂。

# 測天島

也許是九〇年代的前夕吧。我的記憶中，我們已經失去了像劉克襄在八〇年代的野狼機車之旅中，寫下對戒嚴、國民黨批判的種種政治詩句的能力。我們不但失去了時間感，也失去以大地作為基礎的詩性能力。九〇年代，我們什麼都不懂。1980年海軍中尉劉克襄也許正站在左營軍港同樣位置，面對二十年後海軍一兵的我站在同樣的碼頭邊緣，以同樣的角度面對左營那片被重工業污染天空的落日餘暉。1980年，中尉劉克襄遇見了一隻降落軍港的老鷹，因而啟蒙了他的自然寫作生涯，而我則在二十年後退伍前的兵變中被部隊拔槍，黯然離開軍港。

2012年《革命青年：解嚴前的野狼之旅》一書中，劉克襄重拾他在八〇年代解嚴之前所寫的詩。序言中，劉克襄自陳需要很大的勇氣，才能重新注視三十年前所寫的詩句。詩人當時在永和福和橋邊的陰暗小巷租屋處，那個時候他在報社工作，那些詩是與鳥類畫家何華仁共擠一間小屋時寫下的。有時候何華仁還會帶幾隻鳥的屍體回家畫畫呢。

劉克襄說，當時台灣正處於解嚴前的崩解、不安狀態，他作為一個文藝青年當然誠惶誠恐。他若是身在拉丁美洲，一定會參加游擊隊拿起AK47步槍掃射政府。可是劉克襄終究用往後的三十年歲月，以翻譯、出版、山野踏查、歷史爬梳……等。深入台灣的山林、廢墟及無人理會的歷史荒原，反覆咀嚼時間的滋味，從行走、攀爬、汗水及尖銳的批判裡誕生了詩，宣誓了「詩是一種行動」。他說因為「詩是一種行動」，因此在某些時刻，詩可以跟平凡讀者握手。

在我長期走山的過程當中，經常會在山裡聽到整個森林對我嘲笑的

聲音。那段時間劉克襄對我而言，扮演了一種無名的力量。我並不認識他，但我認得他的文字、素描、作品。這種認識絕對不只是「我讀過」的感覺爾爾，而是隱含著某種由衷敬意。他肯定也是一個可敬的廢人吧，我能說他是「山裡的波特萊爾」嗎？恐怕一部分是、一部分也不是，因為比起淫蕩、自廢的波特萊爾來說，劉克襄更增添了一份我所認同的東西：對自然的迷惘。一種不像波特萊爾以性慾為螺旋核心的現代社會迷惘。他穿越了伊能嘉矩「自然史式的人類學」、亞熱帶叢林、山脈，同時有能力翻譯、糾正約翰‧湯姆生台灣之行記載錯誤之處。

　　一位抵抗者如何對這個世界寫下溫潤卻憤怒的文字？劉克襄大約就是了。我說的「文字」並非學術界在自由市場累積性邏輯驅動之下蓋出來的「文字廢墟」。有時候我會覺得這些論文簡直成為一種超現實的不得了的城市素描，描繪著一座連「虛擬」一詞也無法指認的廢墟。或者對我來說那簡直不應該稱為建築，而僅僅是文字的「集合住宅」。我為這些文字感到悲傷，與其說它是建構、不如說它毀壞了世界。但劉克襄似乎不好此道，從他多年來的書寫觀之，總有一股扎根於土地的細密柔情及真誠揭露。例如1983年的《在測天島》，詩人在澎湖測天島服役的日子裡，他用直白、樸素的文字，試圖捕捉一位穿著不合時宜軍裝的海軍中尉，在不合時宜的荒島上，面對荒誕的一切：

　　有人跳入海裡游往對岸的小島
　　許多水兵以游回的時間下賭注
　　這種事像東北風每天吹刮
　　夜深後，如鬼泣徘徊船艙
　　每個人都期待重新出海 每個人又擔心外海的風浪
　　冬天時戰艦駐防測天島 那兒只有荒土、兵舍，只有男人

往後，在我窮盡無聊的歲月中，那些積滿垃圾的海岸、沙丘、邊鄉之行，穿越無盡、惡臭的乾燥蝦塭、魚塭，跨越錯綜複雜、專門非法抽取海水的八吋PVC管線、不曾存在過文學的沙崙地帶。走在那條死寂的，除此之外遍佈著媽祖廟、三山國王廟、開彰聖王廟以及大眾廟、萬善堂的宜蘭台二線。當整個漁村及整片魚塭忽然像康德拉紀耶夫指著資本主義的歷史說「這是循環」一般，整體登上世界的舞台然後整體從舞台謝幕、退場。只剩下這間廢墟連接著那間廢墟，綿延錯落在台二線的噶瑪蘭人荒塚之間。什麼濱海公路什麼龍德工業區、利澤簡工業區等等偉大的開發案已經都不重要了。人們從來沒有從各種不知名的歷史缺口走出來過，包含九〇年代那一場大型的斑節蝦浩劫；包含同樣也是在九〇年代，從TVBS一直到中天新聞網不斷轉播的「宜蘭出現殭屍」的新聞瘋狂追擊中，雖然最後確認「殭屍」只是流落於林投樹叢、沙崙野地的大陸偷渡客，但整個平原早已籠罩在一種前所未有的後現代式荒謬語境裡面，無名的恐懼不斷蔓延在這個純樸的偏鄉之地。

我們因此一點一滴理解到自己如何、怎麼樣零零碎碎地活在一種毫無選擇的，藉由媽祖、客家人的三山國王、漳州人的開彰聖王、甚至是新聞遊戲中的殭屍所建築出來的世界，形成一種將所有人名字刪除掉的神話世界。那些曾經因為過度貧窮而被人們所荒廢、遺忘，如今總是隨著這個那個沿海工業區的興起，不斷地在資本泡沫之中如夢一樣重新演化、興起的無人地帶，居然在他、我之間存在著某種神秘主義式的因果關係。以至於我自然而然地就像那些身處愛戀之中的人們一樣，被一條不知名的思想紅線所牽引，不斷地朝向這種無名的思緒。

不知道為什麼，來到台二線，往往還是想起劉克襄。

楠西戲院，台南

撒奇萊雅

撒奇萊雅族人，2014

# 最後一夜

每一個尚未被此刻視為與自身休戚相關的過去的意象都有永遠消失的危險。

——班雅明，《歷史哲學論綱》

班雅明在最後一本著作《歷史哲學論綱》裡，反覆從批評「普通歷史」的角度，回到一位唯物主義史觀者，嘗試推動一場注定失敗的革命。作為一位歷史唯物論者，一如阿倫特對班雅明精準的描述：「不是詩人卻詩意地思考」。這種費解的語言構造貫穿在《歷史哲學論綱》裡對於廢墟、時間、進步的批評，從「思想由此結晶為單體」裡，用詩將整個時代結晶起來。後來我懂了，在班雅明那裡，一位痴迷的歷史唯物論者之所以要取代資本主義的「普通歷史」，終究不過是一場共產主義的夢，想要藉由時間的創造來奪權。而要從進步主義者所建築出來的「普通歷史」裡奪權，這種不可能任務，它的方法，唯有「震驚」！

## 圍城

辜木·巴力克也正在「震驚」的關口。現在的他與相濡以沫的千位

族人，正面臨被清朝所代表的「普通歷史」消滅的時刻。他忽然有著像貓一樣的預感，知道自己的犧牲將會成為未來族人說故事時，故事裡面的一個「震驚」。

巴力克和族人世居的達固湖灣部落，在祖先世世代代種植的刺竹林圍牆外面，數以千計吳光亮的清軍已經將他們團團包圍。微風吹拂在百花怒放的奇萊平原，絲絲入髮一如往昔，卻從未像此時此刻這般寒冷而絕望。今晚會不會是撒奇萊雅族最後的一個夜晚啊！巴力克作為一個頭目，深知他冒然帶領族人，與加禮宛人一起對清軍、漢人發動突擊，根本是一件以卵擊石的事情。因此他和鄰近的加禮宛少壯派族人，決定帶領兩族族人一同用同歸於盡的激烈手法，對清朝做出決死的抗議。

漢人長期對奇萊平原上的撒奇萊雅及加禮宛做盡壞事，要錢、要地已經到了予取予求的程度。其中最可惡的是宜蘭土棍陳輝煌，《光緒朝月摺檔》記載著：

土棍陳輝煌，指營撞騙，按田勒派，以致加禮宛社番眾被逼難堪，復肆猖獗，情殊可恨。參將周士得及各該營官，難保無知情故縱情事，著該督等飭令地方官，嚴拏陳輝煌到案，按律懲治，一面責成周士得密拿務獲，並確查該將官等實在情形，嚴行參辦。將此由四百里各諭令知之。

西元1878年像一個星辰墜落時的畫面，又像班雅明的凝結。

今晚不就是撒奇萊雅族最後的一個夜晚？清軍將領陳得勝已經在鵲仔埔那邊僵持著，但在昨天的攻勢中，盟友加禮宛族已經基本上遭到殲滅，頭目大肥宛汝受到清軍的西瓜大砲命中，重傷身亡，雄霸奇萊的加禮宛族已經退往美崙山去了。

現在的平原孤零零只剩下撒奇萊雅的達固湖灣部落，以及圍繞在周遭，飢餓如獵狗般的清軍。對於吳光亮來說，誅殺這些低賤的番人必須毫不留情！廣東來的他自從接掌台灣鎮總兵以後，花東後山地帶便不斷地發生紛擾，促使他必須用最激烈的手法消滅番人。他想起不久前在開闢水尾（瑞穗）到大港口（豐濱）那條山路時，好幾次他的手下都被阿美族的阿棉社、烏漏社、納納社眾伏擊而傷亡慘重。這些阿美族戰士像隱遁於山林裡的豹子，無聲無息，一旦清兵聞到他們的氣味時，也正意味著豹子準備攻擊前的最後一躍。死亡的氣息籠罩在古老的海岸山脈，使得清軍開路只得停滯於奇密部落一帶、使得奇密部落的天空像極了憂鬱的珠江之水，像一片無邊無際的烏雲，在山頭凝結成片，卻久久不雨。日後，吳光亮在集他開闢北、中、南路，與番人交手、殺戮的《化番俚言》中寫下：

現在中路璞石閣、北路岐來、南路卑南，均已設立招撫局委員⋯⋯首訓頭目，以知禮法。爾既為頭目，通莊社丁番眾所共仰望之人。查各莊男女老幼，大莊數千人，小莊或千人、或數百人不等，皆賴該頭目公正管束教訓。倘頭目不好，則破莊滅族，皆為此一人所累。

「破莊滅族！」

班雅明的凝結、廣東人的哀傷，兩串陌生的淚珠通通在海岸山脈這片窮山惡水結為一體。久攻不下後，吳光亮最後決定假裝和談，將納納社的戰士騙往一個預先以高竹搭建起的圓形屠宰場。用酒、禮物誘騙所有納納社青年一起進入屠宰場，並在當夜幾乎將其全體滅族。在這場後人稱之為「大港口事件」的騙殺計畫中，吳光亮想，他如果不這樣做，他的廣東子弟兵究竟還要在這片煙瘴之地待上多久？耗上多少時間？番

人像螞蟻一樣，每到一個地方幾乎就會踩到一窩螞蟻。現在他所面對的加禮宛及撒奇萊雅聯軍，已經是後山最後也最強大的障礙。加禮宛戰役至今已經好多天了，昨天加禮宛頭目大肥宛汝的死亡，帶給他以及部下極大的信心及鼓舞，大家都累了，現在他必須以最嚴厲的手段毀滅眼前僅存的達固湖灣部落，他想到了「火」。

## 火風箏

火，照耀撒奇萊雅族的最後一夜，瑰爛無比。清軍使用了幾百具沾染煤油的風箏，點火後以銅線遙控，順風飛揚。火風箏翻越達固湖灣部落寬達六十公尺、世代種植的堅固刺竹圍牆。夜空像正在辦一場冥河的婚禮，幾百件火風箏如同冥河蓮花，舞動的火則像蛇口中的吐信，綻放著死亡前的妖氣。片刻間，星空劇烈塌陷，傾倒在奇萊平原。

忽見滿天的火風箏，巴力克意識到末日將近。那麼多族人用他們的屍體堆砌起高牆，一次又一次成功阻擋清兵的進襲。而今，敵人忽然從天而降，天空驟然成為墳場的大門。這個時候，他的恐懼逐漸轉向震驚，為自己、對族人臨死前那一刻，生命湧現的光芒而震驚，對世代相傳下來的，僅屬於撒奇萊雅才有的故事、神話、夢之消失，感到震驚。

關於「最後」又是什麼？最後之後還有最後嗎？在巴力克被俘虜、被凌遲至死的十二年後，地球另一端德意志帝國的班雅明出生了。他的一生，穿越了整個歐陸現代時期的悲劇，關於垃圾、法蘭克福學派、阿多諾如何偷竊他的星叢，關於加泰隆尼亞的黃昏，服下超量的鴉片自殺。最終，在他生命中最後一篇文章的最後一節、最後一段話記載著彌賽亞：

時間的分分秒秒都可能是彌賽亞側身步入的門洞。

　　這是最後了。對班雅明來說，「最後」將停滯在彌賽亞的使徒式時間裡面，作為一個歷史唯物主義者，同時是忠誠的馬克思主義者，停滯在彌賽亞時間裡，寄生於所謂剩餘時間，難道不是最佳效忠於馬克思的做法嗎？對於巴力克而言，自從漢人進入奇萊平原之後，平原上的平埔族也同時進入了彌賽亞式的時間裡，準備被歷史埋沒。火風箏一具一具準確地降落在族人的茅草屋，整個達固湖灣部落忽然變得閃耀無比。那樣的光，好像預備拍一場大型電影場景所打的光，燃燒的光發出的震驚，穿越百年照亮今日花蓮市國福里撒固兒部落的操場。

　　此刻，我們明白了原來我們都活在一場夢裡。

　　巴力克記起祖父親口說過遙遠的西部，古老沖積平原上所發生的事情。那是 Siraya 的世居地，一個叫做大古湖灣的地方。早在大航海時代來臨之前，他們愉快地在遼闊的平原打獵、逐鹿。可是自從荷蘭人來了以後，每一幕平原的風景都變成傷痕，每一道平原吹來的風，都存在著化不開的憂鬱。祖父說，那時候的海，埋藏著他們族人全部的東西，全部！清軍把巴力克綁在茄冬樹，準備施以凌遲，在行刑前的最後瞬間，他決定讓自己腦中只想著傳說中的平原，即便那只是幻覺。

從武夷號甲板欄杆望向鄭和號，花蓮，1999

# 武夷號

　　我的書，違背你習慣接受的教義，卻適合你心智對每一事物的懷疑。

　　　　　　　　　——沈臨彬，《方壺漁夫：泰瑪手記完結篇》

## 水手

　　當船靠近花蓮港時，遙望陸地，所有的一切再次令人感到絕望。

　　民國八十八年當兵入伍，抽籤抽到「海軍艦艇兵」，隨即被派往左營服役。一如藝評家游崴被調到屏東龍田，在那片甘蔗田圍繞的陸戰隊基地受訓時所講的：「我的身體一半是國家，一半是甘蔗。」那麼在左營海軍基地的我，則一半仍然是國家，另外一半是水母。海水包圍了我，困住了我，只有那骯髒、該死的水母，每天每夜漂浮在充滿油漬、水兵菸頭、痰以及遭丟棄的T—74機槍的軍港裡，伴隨著我們的青春夢。

　　民國八十九年我到海軍，登上一萬噸級的油彈補給艦武夷號，開始一場莫名其妙的旅程。海人、謠言、軍階、壓抑，充斥著低賤的二等兵生涯，我們在這場以移送軍事監獄、移送明德班、移送爆破隊管訓為恐嚇的軍營生涯中，居然一點選擇餘地也沒有，我們在這裡的低賤是與生俱來的。

235

武夷號駛入花蓮港，也是我第一次由「水路」進入花蓮吧。我換下海軍呢咚服，換上象徵自由的便衣，進入花蓮這個陌生的城市。對一個藝術創作者而言，進入軍隊是很奇怪的事情。我們這一代男性肉體，成長到某一個時期，都會接到入伍令，而後一排接著一排，乖乖魚貫地前往令人感到絕望、了無生趣的軍營，成為海峽兩岸戰爭機器下的一顆小灰塵。那些純粹浪費生命的水兵光景，究竟對我的生命造成過什麼影響？我們這一代已經不像過去父執輩那般，以生命為賭注冒險前往中國沿岸割取解放軍的耳朵。戰爭在那個時候，或許還有一種致命的絢麗吧，迷惑人們，甘心用自己不成比例的軀體，將裝不下的國家硬塞進去。但是當我進入軍營的時候，這個「國家」，事實上已經長期處於一種彌留狀態了啊，像夏日午後林間溪澗飛躍而過的魚狗，在寂靜的時間裡，殘留幾聲空響。也因此，我們在一種集體「不知道自己到底在幹嘛」下，一個一個排好隊，剃光頭髮，成為乖巧的小灰塵。

　　一到新訓中心，我終於知道人生毀了。我所隸屬的中隊多數是國中畢業就出社會的人，江湖味很濃。記得在新兵訓練中心第一次洗澡時，那種景象令人印象深刻。一百多位男孩，全部脫了衣服擠在浴室裡面，用臉盆舀水沖澡。當大家把衣服脫下來的時候，昏暗中我大概看到了約莫十來具全背式觀音、好幾具鬼王、十來隻全臂式圖騰，那是民間工藝精巧的刺青，那是關於社會生死交關的雕塑。在藝術學院裡面，我們總是在可笑的畫布前品頭論足，這個畫面的時間性與那個線條如何可能聯繫上德勒茲的地下莖觀念。可是在煙氣裊裊的浴室裡，這個社會用一種紛亂的視覺震懾法，經由年輕的肉體，告訴著我一百個故事。

　　有一次像狗一樣跑步、操演後的夜間休息時間，一位同僚走過來跟我說：「這裡的樹很不快樂。」剛開始我有點丈二金剛摸不著頭，狐疑地遙望遠方風中搖曳的一排大王椰子。他說，在訓練結束的休息時間都

會去找樹聊天，可是這裡的樹卻很憂鬱。他還繼續說，在台中的家裡他們有一個院子，裡面有很多樹，那些樹常常都會跟他講話。他覺得樹告訴他的事情比起人告訴他的事情還要多，他很喜歡跟樹講話。我傻了，望著那些蒼白的大王椰子樹幹，種植在乾枯的黃土上，下面來回穿梭著一群被新訓中心班長不停訓斥聲逼迫的急躁不已的水兵們。這位依稀記得是中興大學畢業的大專兵，大概可說是聽出這塊他媽的B的軍事基地裡，唯一真正的聲音的人。我想起雷馬克在那本描述一次大戰經歷，後來被希特勒列為禁書的《西線無戰事》裡提到：

（訓練營中）最美的，還是一行行樺樹的樹林，樹葉的形色每一分鐘都在變化……在柔和的光線，和透明的暗影反覆變化中，我經常茫然若有所失，幾乎沒有聽到口令。一個人唯有在孤孤單單中，纔會觀察大自然而深深愛上她。在這兒，我並沒有什麼袍澤情誼，也不希望有。

## 永川軍艦

我也沒有什麼袍澤情誼，更不希望有。

後來我被分派到二次大戰遺留下來的美國木頭船，灰撲撲、胖胖圓圓的永川軍艦。第一次上船，梯口值更的老兵「水果仔」對我說：「幹你娘！不會快一點！」這是我到永川軍艦聽到的第一句人話。「水果仔」是船上極凶的帆纜中士，屏東人，因為嗜吃檳榔而被人暱稱為「水果仔」。後來花很久時間和「水果仔」混熟了，有一天他邊嚼著檳榔邊告訴我，我們這種船目前全世界沒人在用，在美國根本是拿來當柴燒的。

我當然知道美國他媽的B偉大，他們要將這種木頭船發射前往月亮，然後再從月亮精準地降落到你家院子，可能都做得到。可是我心裡

想著，我們不僅在拿起畫筆的時，只想畫美國文化冷戰的抽象畫，甚至連當兵都還必須使用冷戰下的武器，而且還是嚴重過期的木頭船。記得過去廈門，聽到某位廈門藝術學院的研究員，說起廈門外海的鼓浪嶼歷史：「被殖民主義強姦了一百次。」我想，身邊的左營軍港，那些張牙舞爪、凜冽森然的「戰鬥火雞」陽字號、承載著悲壯到連郝柏村都會鼓掌的台海戰役歷史的山字號、甚至參與過1944年法國諾曼第登陸、今日專門用來運補金門馬祖的「開口笑」中字號……一切的一切都是美國貨。這種感覺說也很怪，我們不僅被強姦就算了，我們還和強姦我們的人一起拿起棍子，警惕著另外一個想要強姦你的中國。

有時候永川軍艦執行外海徹夜巡邏的「左高海偵」時，我必須站在掃雷艦最高的駕駛台兩側，拿著望遠鏡擔任瞭望員，每一次長達四個小時。駕駛台有一把艦長坐的龍椅，旁邊站著值更官，監控船的一切動向。海上的徹夜巡邏往往令人灰澀不已，除了船隻航行時的暈船，身體因熬夜而產生的疲累之外，更累人的是一種與世界分離的苦楚。有時候我趴在瞭望台的舷邊，將望遠鏡及聲力電話放在一旁，痴痴望著三十公里外遠方的高雄市夜景。從海上看高雄，會覺得不像在陸地上那般令人厭惡。海上的高雄給人一種隱隱的不捨，城市的照明系統照亮了夜空，使得高雄的夜空漂浮著整片橘色雲朵，像是這個城市為自己的存在自憐式地、向天空所投出的倒影。高雄成為退伍以後，我最不想回去的地方。

## 貝納頌咖啡

在美國木頭製可發射到月球又可自動返航的1940年代生產的掃雷艦日子裡，我不斷希望用意志力脫離部隊，透過空洞的想像進行自己的藝術計畫。那段時間我總是利用站衛兵的時間，綿密進行《一個泡沫的

消失》的創作構思。這幾乎是一種不可能的行動，部隊的壓抑、層層官長的命令、做不完的訓練，掃不完的地以及擦不完的船隻銅鏽，也就是他媽B的「擦銅」。逐漸在裡面，我們幾乎要變成一具自己差一點會認同起自己的機器人。有一段時間我離開了那奇怪的木頭船，被編入海軍敦睦艦隊之一的武夷艦美工組，負責進行「台灣文宣館」的展示。巡迴台灣各個港口及我們少得可憐的土著邦交國，宣揚台灣國威。軍艦出發前，我們幾個美工組成員搬到艦隊司令部對面的「閒置空間」行政大樓暫住。有一天晚上洗澡時，我遇到一位由爆破大隊溜來行政大樓洗澡的士兵。在浴室相遇時，至今我仍記得他那滿臉的倦容與疲態。

爆破隊是全台灣最操的單位，聽說他們可以用原子筆製成炸彈，以一個人癱瘓一萬人部隊的通訊。可是我眼前這位疲倦的爆破隊員顯然與傳說中的形象不符。洗完澡後他懊惱地告訴我：「我沒有辦法吃蟑螂。」「你沒有辦法吃蟑螂？」我差點責難起他來，並且幾乎快要相信起自己也曾在某個訓練中吃過蟑螂。這位可憐的爆破隊因為吃蟑螂那一關沒過，可能影響他的結訓成績，可能影響他能不能拿到爆破隊員的資格。

我們在戰爭彌留的狀態中當兵，差一點相信自己就是顆灰塵，隨無意義的軍令揚起，瘋狂驅動自己的肉體。大概進入部隊頭一個星期，過去藝術學院五年的感知完全被摧毀。後來納編到敦睦艦隊、回到掃雷木頭船後，我僅能每天憑藉著福利社自動販賣機的「貝納頌咖啡」，讓自己對世界維持一點希望。此外，那一連串的鬱悶、無意義且荒謬的事蹟就不提了。隨著這段我們都不知道自己到底在幹嘛的歲月結束，當我們離開軍營以後，我們居然連如何回憶它、面對它，都顯得困難重重。

這是一段失根的歲月，包含在我搭乘的一萬噸巨型油彈補給艦武夷號開入花蓮港的那個夏日午后，其實一切都沒有發生，一切發生的事情也都沒有意義。

# 平原之戰

抱歉，我昨晚對你說的，可能全部說錯方向，我想要說的，是你父親為什麼，怎麼會，從一個活生生的漢人，進入一個痛苦萬分，恍如夢中脫去人皮，背叛自己的族裔，以一種悲劇化的自我想像，將自己放逐進一個黑暗蠻荒、換血、換臉、換名字、換睪丸、毀棄父祖的牌位，慢慢將自己描述成「另一種人種」的恐怖過程。

——駱以軍，《西夏旅館》

## 戰敗者

這一切沈葆楨都算好了，自從牡丹社事件結束後，他就意識到除了「設廳」，更必須積極「撫番」。對於東部的「撫番」事業他已早有定見：「論他日建城之地，宜在歧萊」。

這麼一來，奇萊平原上被視為畜生、非人化的加禮宛及撒奇萊雅族遭到鏟除只是早晚的問題。撒奇萊雅族即將戰敗，剩下的遺族將被打散、混入歷史洪流中。不僅如此，鄰近的加禮宛社也整個玩完了，1853年被迫遷出宜蘭的加禮宛社，胼手胝足在奇萊平原建立了加禮宛、竹林、五暖、瑤歌、七結、談秉等六社，但是短短不過二十餘年的時間又

撒奇萊雅豐年祭，2014

被消滅掉了，加禮宛人因此被流放到更遠的海邊。這些噶瑪蘭地名：談秉、七結、瑤歌、五暖、竹林、加禮宛……也許依然有著優美的蘊藏，但一場戰事將它們從台灣地圖上劃除。僅存在於敵人充滿鄙視、忽略、非人化的文字所刻鑿的歷史典籍裡。

古木‧巴力克戰敗後，撒奇萊雅將隨著他發動的「加禮宛戰役」而瓦解。往後，族人們必須混入南勢阿美裡，在人家部落邊緣、荒蕪、無用之地度過餘生。隱姓埋名，擦拭掉自己的一切，學人家的語言、祭典、歌謠，和人家的男人通婚……過著一百多年自己否認自己的生活。這種長期、一代代否認自己究竟是什麼感覺，我恐怕無法得知。是卑賤嗎？那種卑賤，又混合著哪種矛盾的情緒，使得卑賤者無法自殺，在無以復加、多過一天都是折磨的生命之中，勇敢地活下去？

我猜想這種卑賤，一定不是克莉絲蒂娃在遙遠的地方，嘗試延伸孩童時期的「賤斥」狀態，從而將這種可能存在於身體記憶深處的卑賤感提轉出來，變成面對現代性的力量。我也許會同意克莉絲蒂娃，單單從解釋西方現代主義文學力量的根源來說，也會同意有一套操作著「卑賤」觀點的論述在各種近代思想中流竄。可是我想克莉絲蒂娃永遠無法理解，當一個人本身就已經是「非人」的狀況（雖然孩童也是非人，但是啊但是，畢竟孩童總已經被預設為有一天會長大「成人」），那種卑賤將完全不同。可能有一種「非人族群」是西方知識霸權所無法理解的吧。它從族群結構上就整體地、恆常地、無法翻轉地處於非人的狀態。這種「非人族群」遍佈於西方之外的各地，就好像撒奇萊雅人必須整體地，在阿美族的邊緣、荒蕪之地「一族分飾兩角」。表面上想辦法成為阿美族人，暗地裡含淚保存自己族群記憶的沉默演出。對了，就是「演出」。

在吳光亮的清軍用風箏焚毀撒奇萊雅聚落一百二十八年後的今日，

殘存的後裔在花蓮市國福里的撒固兒部落重新舉辦火神祭（Palamal），紀念那一夜的火、族人、巴力克和他的妻子。據說從那天起，撒奇萊雅族的祭典服飾上，多了刺竹以及象徵眼淚的珍珠、串珠。用來思念這場慘痛、幾近於滅族戰役之中，亡故的族人。

## 帝瓦伊‧撒耘

　　成功推動撒奇萊雅正名運動的帝瓦伊‧撒耘（前太巴塱國小校長，漢名為李來旺），在正名運動完成後沒幾年便過世。過世後，他的媳婦李信‧書達寫到她的公公，記載古木‧巴力克生前遭受凌遲的最後一刻寫道：

　　那也是校長（李來旺）最後一次主持的會議。
　　命運的銜接是一種神秘的安排，我從未遇見。那一年回花蓮，我追隨著校長所做的事，所見的人，竟是我們日後從事正名運動時，無法避開不談的關鍵人物。許多偶然的、意外的、即興的記憶，有些是註定要埋藏遺忘，有些則成了日後需要的沉澱累積。
　　當我到達時，我只記得他老淚縱橫的訴說著達固湖灣事件最後的片段，大頭目古木‧巴力克最後牽著頭目夫人伊婕‧卡娜邵，帶領一群傷亡甚重的年齡階級一字展開出來投降。清軍為了殺雞儆猴，南召阿美族、七腳川族，北吆喝太魯閣族、噶瑪蘭族來觀看族人一一遭遇殘忍的對待。最後大頭目目睹夫人像夾心餅一樣，遭清軍踩踏頭頭爆腦漿死在兩塊剖半的茄冬樹幹內，大頭目則從早到晚一刀又一刀的慘遭凌遲的酷刑，直到傍晚臨死前，血流滿地、片片肌膚四撒，仍堅毅不屈強忍住最後的一口氣。他知道他不能死得太快，因為在他們挺身出來投降時，老

弱婦孺才得以有足夠的時間，徹夜逃離這人間煉獄般的土地，頭目要他們逃得夠遠，才能夠讓自己的靈魂得到安息啊！

—— 李信·書達（李秀蘭），〈親親小奇萊，撒奇萊雅族正名記事〉

李信·書達的〈親親小奇萊，撒奇萊雅族正名記事〉一文獲得台灣文學獎原住民漢語報導文學的金典獎。該文與其說是傳統報導文學，不如說是以報導文學的形貌，嘗試用文字擦拭、舔撫自己族群百年來的傷口。在文章獲獎之初，書達激動地說道：「望著奇萊山脈的疊疊青山，我第一次體會到什麼是救贖的意義。」彷彿黑色奇萊儲藏著撒奇萊雅族身世的密碼一般，唯有穿越它，撒奇萊雅人才能知道自己之所來，未來之所去。

過去，族裡流傳著一個神話。關於撒奇萊雅祖先溯源得從鹽寮海岸登陸的兄妹談起。這對兄妹登陸之後，因為不能彼此結婚，所以兩人只好分開來各自生存。有一天，哥哥在河邊看到一位女子在河邊洗澡，在動物尋求繁衍的本能驅使下，哥哥逐步接近那位河邊洗澡的女子並且意圖與她交往，結果靠近以後猛然發現，這位女子居然還是自己的妹妹。兩人因此決定北渡花蓮河，同居並繁衍後代。

雖然傳說是這樣講，但是帝瓦伊·撒耘還是主張撒奇萊雅來自於西部平原的西拉雅族，此即所謂的「南來說」。縱然部分學者認為帝瓦伊·撒耘辛苦建立的「南來說」是一種認錯祖宗的舉措，錯把西拉雅人認為是撒奇萊雅人的來源，但是那又如何呢？人類的整個歷史，不就可能如駱以軍所說，全面地以「可能全部說錯方向」的方式進行著。如果「南來說」是一種瘋狂的錯誤尋根，那麼它所扮演的力量，不也在於產生一種美麗的誤解力量，出現讓撒奇萊雅「脫阿美族化」、「被錯誤地說成阿美族」的想像，撒耘提到：

在南台灣有一支原住民族群「sakiraya」，漢人以其諧音譯為「西拉雅」、「施萊雅」或「史來耶」。盤踞西方臨海一處被陸地包圍的港灣。當地的西拉雅族人稱之為「Takofowan」（大古湖灣），也就是「好像在陸地中的大湖」之意。漢人譯為「台窩灣」。十六世紀之後，外來強勢民族，不斷在此地登陸並擴張勢力。不到一百年的時光，「台窩灣」的社會、人口、文化幾乎全面瓦解。「台窩灣」人為了生存，試圖向中央山脈轉進。台窩灣部落的西拉雅人逃難路線大致有三條路，「台窩灣」人來到奇萊平原定居後，建立新的家園，乃沿用台南老鄉之名「Takofowan」來命名此地。

## 大古湖灣

不久，巴力克親眼目睹妻子的頭顱被清軍壓破，隨後清軍強迫他灌食鴉片，在第一把刀割過他的胸膛不久後，精神及肉體雙重痛苦使他產生更為巨大的幻影。浮在眼前的，是僅存在於父執輩耳語中，他從未看過的熱帶平原傳說。那是一個叫做大古湖灣（Takofowan）的地方。傳說中，祖先居住的大古湖灣意思是「好像在陸地中的大湖」。

巴力克的幻覺朦朧地流竄在這片「好像在陸地中的大湖」的大古湖灣上。這個大湖，其實指的就是海。一片三面被陸地所包圍的內海、被熱帶陽光照耀所翻騰的內海，像夏日正午豔陽下寂靜的東石漁港。水面上，狂亂飛躍著無數熱帶蚊蠅的內海；水底下，居住著無數野生烏魚、牡蠣的內海；水岸邊，偶爾飄盪著椰子殼以及一兩顆來自於不知名部落、被梟首的頭顱的內海。整個大古湖灣的場景，開展在巴力克生命中最後一刻幻覺裡，隨著他胸膛的肉被一片一片地削下來，那些無名的、熱帶海洋的夢，霎時之間變得真實了起來。

他們的身世就是戰敗者，從不曾中斷、接踵的戰爭下產生的挫敗者，戰爭最擅長的事就是製造戰敗者。在這座島嶼上，巴力克和他的祖先一直都是以戰敗者的角色到處流離著，自從某一天，荷蘭艦隊開入台員港，佔領了大古湖灣，將祖先們從內海驅逐到內陸平原，他們戰敗了，加入北頭洋一帶的蕭壠社。1635年，在一場後世稱之為「聖誕夜之役」中，北頭洋一帶的蕭壠社又再度被荷蘭人擊潰了。連帶著，巴力克的祖先又再度因為戰敗而流離。有些人長途跋涉、披星戴月地翻越寒冷無比的奇萊山，流離到現今的奇萊平原。有些人則因為過度疲累，倒在黯淡的平原夜色之中。「你知道你們都會死嗎？」，在攀越滿佈脆弱頁岩的黑色奇萊時，空谷裡傳來一陣聲音，祖先們都聽到了。

經歷幾個小時的凌遲，巴力克慢慢死去。也許，他的幽靈終將化為一股無盡的思念，轉世進入了帝瓦伊‧撒耘，也就是前太巴塱國小校長李來旺的身軀，在一百二十八年以來一整個「說錯方向」的自我歷史裡面，重新運用了帝國的官僚制度，在敵人體內植入一種錯覺式的肯認系統，讓撒奇萊雅從戰敗者的身世中重新復活。

# 龜旅

欲做文學之鬼。

——葉石濤

　　我也幾乎是在戰敗後，帶著一個憂鬱、殘破、苦痛的身體來到台南。記得葉石濤老先生在臨終前幾年一篇報紙短文裡提到了烏龜，該篇文章確切的名稱、以及文章到底寫了些什麼，其實我通通忘記了，倒是烏龜這一點記得特別清楚。

## 葉老的烏龜

　　1965年葉石濤遷居左營蓮池潭，在那邊完成多部著作，包含嘗試以台灣人、台灣意識出發的《台灣文學史綱》。有時候我會想，《台灣文學史綱》就是葉老在無數次蓮池潭邊散步時，看著湖面升起的一些怪異巨龍、巨虎、巨塔，也就是著名的「龍虎塔」，在這種莫名的羞辱感中一點一滴累積出來的。可是烏龜那篇忘了名稱也忘了內容的報紙短文裡，我記得他寫道：「我已經不想再去看那些烏龜了。」

　　我知道那些烏龜，也看過那些烏龜。在左營當水兵的時候，有時候獲得短暫的半天假，由於軍港附近沒什麼值得一去的地方，我也不太跟

247

台南・山路

同袍去酒吧之類的地方（其實是因為我沒有同袍）。唯一能去的，只有恐怕是有著後現代主義最佳詮釋的地標「龍虎塔」、水中充斥著渾身盔甲粗刺的琵琶鼠魚（垃圾魚）的蓮池潭。就這樣，蓮池潭成為我消耗時間不得已的選擇。

在蓮池潭散步其實一點也令人愉悅不起來，因此我約略可以推敲葉老散步的感覺。而他筆下的那群烏龜，就在「龍虎塔」旁邊巨型的「觀世音大士騎龍」入口旁，一個以鐵欄杆圍起來、豢養著數以百計烏龜的龜池。烏龜們時而聚集在擁擠不堪的岸上，時而像黑色的漂浮物一般浮在水面。就像廣東某些市場上販賣烏龜的小攤販那樣，任其擁擠地聚在一個塑膠盒裡度過牠們的餘生，順便供外國遊客拍照。

坊間流傳一種說法，這些烏龜是1949年國民黨撤台時跟著蔣介石一起渡海而來。原因據說跟蔣介石是「龜神」轉世有關。也許，「我已經不想再去看那些烏龜了」隱含著一點點葉老不喜歡那些烏龜所代表的政治符號。可是我更感受到，這句話的意思有可能同時是另外一件事：不想活了（或者，對日常生活的厭倦）。當然從這樣的斷簡殘篇推敲葉老的心境，很有不敬之感，可是經由文章透露出來的葉老晚年的心情，居然與自己在前往台南時的那種感受有幾分類似。因而來到台南，對我來說某種程度也是不再想看到過去那些，充斥在自己多數生命場景中，那些被龜殼、烏龜所填滿的畫面。

就像一部遊記，縱然我依然不願意稱過去在台南的生活是遊記，可是想來想去，到後來它居然還是一部遊記。因此，假如遊記有那種根本的東西，也只有當我們認不出某個章節裡的自己時，那部遊記才會因為這樣的疏離而顯現它自己。因此，假如要進一步推說遊記是什麼？我覺得遊記就是每一個人自我遺忘、解消的過程，就是每一個人在成為卡夫卡的《城堡》裡，那一位「夢見無數次城堡」但終究不得其門而入的土

地測量員K所經歷的一切。

在K的一生中，好像唯一確定的一件事情是，必須耗盡一生在看不清楚頭、臉長相的官僚體系以及村人的各種阻撓中，徘徊在沒有出口的行程之間，活生生卡在旅行中而永遠到不了城堡。可是，或許並不存在通往城堡以外的路，不存在令人不愉快的行政官僚體系之外的世界，不存在村民耳語之外的東西，不存在國家之外的領域。就像K的遊記所告訴我們的，好像唯一我們能做的只是讓自己變成一隻鬼。

我們無比孤獨。

如同真藤順丈筆下那位怪異的《地圖男》一樣，密密麻麻地在東京二十三區地圖上標示了各式各樣的箭頭、標籤、註解、故事。因為無比孤獨，以至於當我們在長期渾沌的生活裡一點一滴地瞭解到，我們不僅生活在土地測量員K的那種世界裡，更進一步驚覺，我們每一個人其實都是K，並且活在一個由無數個K所組成的世界裡。也許正因為自覺到想要脫離悲情的K的世界，我們一個一個都成了另外一種類型，成為地圖男。也許，地圖男就是藝術家的某種縮影。

我命中注定是個地圖男啊！

# 南一六五縣道

世界上大概沒有幾個像我這樣蠢的了，如果有的話應該都自動跑去填海了吧！2011年到2012年，有一段時間我嘗試研究西拉雅，這種研究完全基於愚笨的熱情（高先生，你的正式研究還不夠多嗎？你欠的稿債還不夠多嗎？你的作品做完了嗎？）一種不太會有產值的耗費。而且重點是，這種研究不會寫成書面調查或文件。早在開始的時候我就清楚，它不過是準備好了要廢棄的研究。那時候，我很假掰地從台北樹林

火車站寄了一台全新捷安特超級登山變速腳踏車到隆田，準備用騎腳踏車的方式進行沒有用的西拉雅研究。某一天早上八點左右，我背著像龜殼一樣的黑色後背包包，帶了一張地圖男生命中必備的「雲嘉南好去處」地圖。從隆田車站前面的租屋處出發，預計前往東山鄉一些不知名的山區，尋找不知名的西拉雅蹤跡。

那又如何不是一場夢？約莫三月天吧，天空飄著細雨，微冷。經過二個小時汗流浹背的單車徐行後，我來到南一六五縣道旁的吉貝耍聚落。不過，因為吉貝耍聚落在西拉雅的地位非常顯著，太熱門了，因此我決定將腳踏車頭轉向東方的中央山脈，尋找西拉雅更細微的蛛絲馬跡。冒著斜斜雨絲，就在南一六線道以東不遠處，我騎到了一個叫做枋仔林的小村落歇息，在這個彷彿時光停留在七〇年代的蕭條小村雜貨店裡，買了一包蝦味先之類的零嘴充饑，並偷聽雜貨店老闆跟朋友抱怨他兄弟姊妹分祖產的故事。雜貨店老闆沉浸在他的家族戰爭裡，讓我感到好像我們這個世界永遠只存在的兩件重大爭議：給親家的聘金夠不夠以及分到的祖產夠不夠？不久之後，我從東山休息站旁邊的小路穿行而上，開始緩慢進入上坡階段。

離東山休息站旁邊不遠處有個叫嶺腳的地方，算是東原產業道路的起點。事實上，這裡有一個巨大的軍事營區。過去，高中好友Ｍ曾對我說他在台南東山鄉的彈藥庫當兵，聽說這個彈藥庫是南台灣最重要的後勤基地。我一直不是很清楚這個他所謂巨大彈藥庫究竟在哪裡？直到十多年以後騎著單車進行沒有用的研究時，彈藥庫居然被我不期而遇。猶記十多年前Ｍ說過，在彈藥庫當兵的歲月裡，他們的娛樂是抓蛇來吃。有時候抓到的蛇，皮膚上還有那種狗身上才看得到的，圓滾滾、灰撲撲、吸飽了血的牛蜱。小時候，當我們從家裡養的狗身上揪出數十隻這種灰色牛蜱時，總會隔著一張衛生紙用手指將它捏爆。因此，行經嶺腳的營

區一帶，很自然地讓我想到吸附在蛇身上一隻隻牛蜱，以及它們爆炸時的畫面。

## 普通時候下的普通雨

嶺腳以上，道路開始甩脫軍事重地，坡度開始變陡。我那輛號稱十八段變速的無敵捷安特登山車也開始不中用了。東原產業道路被春天的雨沾染得像一條黑色的河流，流經一個名叫開門橋的無人山坳、穿越一個名叫番仔厝的無人小村、通往一個叫做班芝花坑的寂靜聚落……雨，敲打在千萬種說不出名字的樹葉上，滿滿的山區發出的細微聲響，一種地圖上找不到的聲響。

我總是不禁想起海德格的「懸欠著置身於存有者之澄明的本質性分離」，在過去許多這樣的無名之旅中，這些我記得不多的哲學話語，也許內部正包含著一整個時代的思想轉折。就像「澄明的本質性分離」所意味的孤立於存有者的「此在」。在我同樣知道不多的後期海德格，遭受里爾克的詩文「地震」之後，思想中開始出現「此在」這種飽含神秘語言學氣味的不可見性，在「懸欠」與「置身」的雙重性之中，像一場普通時候下的普通雨，落在東原產業道路兩側綿密的森林裡，彈落在森林之外面遙遠的空域。在這些不太具有什麼意義的聲響、風景深處，也許偶然我們會聽到里爾克「事物的願望就是它的語言」的呼喚，無聲地、交雜著我這樣鬼一般的騎車喘息聲。

結果總是這樣，一直都是這樣！在以追索西拉雅歷史為名的道路上總是忘了幹正事，而被諸多不可見的感覺（或者相反）迷炫地困在行旅之中。我總是可以輕易地經由google查到班芝花坑裡的「班芝花」在西拉雅的意義，可以查到東山鄉不僅是西拉雅蕭壠社退守之地（也許在

1635年聖誕節戰役的百年以後），也存在著另一支少人知道的洪雅族哆囉嘓社（東河村）。我大概也瞭解以前東山鄉的老地名根本就叫做「番社鄉」，甚至班芝花坑往上走的東原村，至今仍存在著少數珍貴的漢人移民建築、街廓、烘龍眼乾的灶窯。更不用說東山鄉出過著名的義賊、十大槍擊要犯「穿山甲」詹龍欄，以及東原村出身，曾經在高速公路台南路段拿奧地利自動步槍和警察對幹的張錫銘……

扯遠了。總之，對我來說這種一開始就準備廢棄的研究，這種不太有產值的耗費研究，所想的，可能不過是來一趟孤獨的單車行旅，所為的，不過是自甘於在一條不知名的河流中浮動，「懸欠著置身」在一種真實感極強的離退狀態之中，如同駱以軍筆下那一支逃出成吉思汗大軍圍城生天，星夜穿越曠野，那最後一支黨項羌騎兵的最後遊記……

「我知道我們這幾個人都會死。」其中一位黨項羌老騎兵說。

「我已經不想再去看那些烏龜了。」老人葉石濤多年後接著說。

往後的一切，無論是經由火車、自己那台老舊的CRV休旅車、或者捷安特超級無敵登山變速腳踏車，陸陸續續穿越了台南典型的山村聚落、鹽分地帶、熱帶季風山林、陸沉湖泊、台糖林場、惡地之後，台南對我而言，逐漸像一捲已經拍了十多年卻從未準備沖洗、剪接的電影底片，安靜地躺在腦袋裡面不願意開啟的剪接室裡，廢棄且疲憊地等待著配音、上字幕，等待搬上銀幕。

.

# 興南客運

對了，我好像告訴過你，台南對我而言就是一部遊記？好吧！有時候我也以為那只是自己對自己胡謅的謊言，好像我們根本只是來某個偏鄉之所攻城掠地的戰士，在不小心進入那一片每年定期輪種著水稻與菱角的廣袤田野中，忽然之間為大地的力量所震懾，以至於我們通通忘記自己原來作為一位攻城掠地的戰士該有的任務。對於一位忘了任務的戰士我們能說什麼呢？於是我乾脆扯謊，就說那是一部遊記吧。

關於遊記（也關於謊言所搭建出來的一片場景）的另外一種說法是，也許那幾年在台南，我的身體逐漸出現一種不曾從屬於自己、陌生的歷史記憶。從這塊圍繞八田與一、嘉南大圳、赤山龍巖湖、隆田車站附近的新中營區廢墟等等，在這塊水雉稻田古剎透天厝林立的溫暖之地，我開始出現了追尋自己歷史的不明欲望。於是，處於旅行、遊記另外一面，我的腦海中開始像一部壞掉的電腦主機，在爆炸前一刻的不斷地、不斷地閃起「霹靂啪啦、霹靂啪啦」的聲響。

## 陀螺

這理當是個美好的世代。我們應該告訴自己已經遠離上一代那種愁

楠溪，興南客運站

雲慘霧般的戰爭烏雲，至少生活中不再出現空襲、槍砲聲響，以及傳說中動不動就要人坐冰塊刑求逼供的白色恐怖。可是我們還是很奇怪地快樂不起來，活在非常像陀螺的情境之中。這個陀螺，我們的身體，被一種（或一萬種）分不清外內的東西植入了驅動程式。像一部公車固定地、每日每夜旋轉在曾經屬於我們的平原之上。

這塊平原上的一切好像都過剩了。她面對著各種針對她而來的聲音：農田規劃、水利建設、鄉村復甦、藝術再造……但是錦蛇依然被捕捉送到山產店、但是警察依然在農田的透天厝裡被槍殺……這一切，我們以現代之名所投射的慾望，忽然之間結晶成歷史的全部，被寫入某部地方誌、被寫入某人榮耀的回憶錄裡，成為刻鑿在廟門的匾額，那塊匾額說：「我們正在寫歷史！」上面說不定還停留了幾隻蒼蠅呢。可是也因為她是平原，綿延的大地承受了一切莫名的事物，包含變成城市犯人流放之所、包含承接以藝術為名來毀壞平原的戰爭。在我心裡，我最嚴厲的批判往往根植於這塊平原原始的憤怒。

我完全記起來了，一位被稱為潔癖者的心裡通通存在著一片尚未被命名的平原。那些迴盪在空中之聲，我的記憶外邊，正是由陳界仁在更為遙遠之處，站在一個不太有人能夠清晰描述的時間邊界上，所發出的近乎絕對、嚴苛的聲響。他也許是真正處於剩餘時間的人，像阿岡本引用了《羅馬書》裡使徒保羅不斷重複的一句話：「廢止」、「廢止」、「廢止」……用來想像一種使任何事物都「不起作用的生命狀態」。如果要說它是抵抗，我覺得遠遠低估了這種處於剩餘狀態中的力量。它不是抵抗而已，而根本是依然活著，依然借用世界的一切，搭公車搭捷運講手機用蘋果電腦，它頭尾顛倒的活著，完全倒立式的活法，冷酷異境。

而藝評家W說他是癡人說夢話。難道我們要再為那些擅自把自己的名字刻在每個地下道、每座天橋上的那些人出書嗎？

# 彌賽亞

這些不可思議的荒廢時間，如同平原上巡迴的興南客運，在每一次到站、離站後所留下的寂靜時刻，好像總是有人幾十年來一直站在公車牌下，可是卻從不上車。亦如沈臨彬所度過的二十一年，如果我們幻想藝術能夠「開鑿」，這也許是我所感受到最強烈的一種，身處空洞而荒廢的時間，他（他們）處於這幾乎沒有任何維度可以依循、辨認的零度世界，寒冷、尖銳地發出幾乎不屬於人類的聲響。陳界仁的思維隱藏著的空洞，與我們這一輩所表現出的空洞有著絕大的不同，他所開創出的時間零度那種冷酷美學，與柄谷行人重新閱讀、修正馬克思的資本論，一直到2003年在日本推動的聯合運動，在在都探問一個也許是我們這個時代最為巨大且關鍵的問題：馬克思美學，如何在馬克思主義的歷史性挫敗中重生？

我其實是被這種「霹靂啪啦」聲響所吵醒，重新理解馬克思美學在今日社會細緻的存在之處：我們如何迴避那些責難，關於歷史唯物主義被構陷於「古典」之詞？一方面近幾年台灣泛左翼運動並不存在深刻的美學形式，也無法脫離運動場合裡那種將藝術道具化的簡易邏輯，空氣充斥著：「為勞工代言！」「為勞工代言！」的正義聲響。換句話說，我們雖在社會運動的過程中舉牌表態著反對，但是弔詭的是自己身、心、美學模式乃至於運動裡面的上、下階級的治理關係，居然和我們幻想著要擊潰的那個萬惡邪魔黨，在結構上如此相似。

陳界仁總是腰斬自己。他所用的方法、所處的位置，像是從堅壁清野式的自我淨化語言之中（這不就是文化冷戰的標準設計嗎？）從徹底處於不平衡的游擊戰略之中，搜刮敵人（你們）各種腰斬、凌遲的技術，反過來施用在敵人（你們）身上。在那條沿著馬克思、班雅明一直到阿

岡本，對於歷史唯物主義轉換到基進彌賽亞的策略之中，我們一不小心就會發現一條從吵雜、悶熱、潮濕的社會運動場合中突然岔開來的田埂，像一部必須另起的小說般，在阿岡本對於「零度」概念的尖銳批判中視「零度」之為：「二十世紀人文科學中能指的過剩」，從而將基進的左翼美學形式一手交給了彌賽亞式的凝結中。

然後我的母親在1995年台灣內衣產業崩壞的那一天已經進入彌賽亞二十年了，然後我的哥哥逃亡大陸的那一刻起也進入彌賽亞十年了，然後張正光在九〇年那場平原的斑節蝦黑死病浩劫之後也進入彌賽亞二十五年了，然後我一直以為我離開過彌賽亞，但是我其實並沒有。

## 興南客運

這種凝結的感覺也許連結到駱以軍曾說過的小故事：有一天，我們不知道為什麼坐上同一部電梯，可是電梯忽然卡在半空中。我們因此凝滯在特殊的時空中，觀看對方。我們並不想理解彼此（喔，好吧，也許是從來沒有機會吧。）可是在這部卡在大樓某處的電梯裡，我們忽然被拋擲在一種奇異的、由即將來到的死亡所圈起的時間裡，開始認真地彼此揣摩、理解、想像彼此。又像某部好萊塢通俗恐怖電影裡的一部公共汽車，當乘客上車坐定後，發現司機伯伯被異形入侵而變成恐怖的人獸混合怪物。公共汽車裡的乘客也忽然都被閉鎖在一個不知道將開往哪裡的空間裡，必須聯合對付變形為人獸混合怪物的司機伯伯。

所有這些，關於南台灣豔陽、盧卡奇小說的歷史唯物主義、莿桐花與愛情、深夜徘徊在官田鄉間的夜空中，聲音吵雜而令人感到煩不勝煩的黑面麻鷺、初春微溼的西拉雅夢……這一切好像通通在某一個早晨我們行經一根一根興南客運的站牌時，一如前一天沿著東山鄉由南一七五

號縣道轉進台三線,途經楠西區一個看起來頗為荒涼的興南客運車站時,我逐漸拼湊出一些關於這本小說台南部分的空缺:興南客運。如同上一章所說的書寫困境,「台南」也許將成為整本小說的隱喻,作為一本既不屬於我、又完全由我作為核心的「遊記」。

昭和十七年,和田二三松和辛西淮合併三家交通公司,成立了「興南乘合自動車株式會社」,成為興南客運的前身。戰後,興南客運幾經興衰,至今仍維持一定的營運規模。有些路線好像引領我們通往一個既熟悉卻一無所知的世界,諸如「綠二十一線」通往龜丹油礦、「藍十一線」通往青鯤鯓、「橘一線」通往一個我聽也沒聽過的、一個充滿雲南氣味的地名:「蒙正」。這些神秘主義式的地名、地點,恰似存在於島嶼層層累積下來的地層修辭學般,向人們溫柔而無聲的告白著。

這就是我逐漸遠離藝術場域的原因之一。有人說潔癖者其實是在建立一種擾人的道德法西斯。但所有的批評都隱含著批評者、或批評機器內部深處,也許連自己都不願正視的不安全感。總之,在稀薄不已的本土經驗裡面,我僅希求能夠重新改寫自己的視野,能夠逃離我們被某種絕對性所規劃下來的生命方向。我記不得是誰說過了,機會就是一種東西,帶人流離出去,機會就是一種東西,帶人遠離家鄉,機會事實上創造了世界的流動,同時,機會也是一部讓人忘卻一切的機器。

但是,坐在興南客運上的陳界仁選擇了永遠不下車,而站在公車站牌等待興南客運的另一個陳界仁,則選擇了永遠不上車。

冷酷至極。

十八洞天・金敏子山下

後記

三部水，2015

# 無名之海

長篇小說的定義在於搏擊……過程中，三次憂鬱症像處理感冒一樣，馬上去醫院掛號……我的敘事主軸是在處理傷害的核心、背叛、遺棄、愛的找回，我的焦慮也不是那麼政治性，是充滿暗語、繁花簇放的夢的意境……

——駱以軍

　　幽靈張正光疲憊不已地看著他的一生，好像一個沒有價值的人一樣草草結束。他後悔自己沒有像那位後來當上季新村村長，圍標工業區土地，進入台灣省養殖工會當理事長，一路平步青雲，最後還風光地在傳統藝術中心對面開闊氣的海產店，每天收大陸客人民幣的林大哥。他九死一生的生命比起風光的黑道大哥，居然一點價值也沒有！

　　佛陀說：「地獄有情。」地獄並非永久的禁錮，諸鬼們仍然可以期盼有天能輪迴他道。幽靈張正光在吉光片羽地看完他一生之後，如同舞台劇謝幕一般，燈火闌珊處，隱約有一股力量將他推向冥界。忽然間他感到非常的懼怕，他一生的畫面，九州的宇佐、沖繩、彰化田尾、香港、宜蘭……像一面摔破的鏡子般，瞬間破裂開來。

　　在前往地獄的途中，傾刻間，他的頭上出現了一條金色河流，那是由億萬個火光組成的流水，民間農曆七月中原普渡時，人們燒給陰間親

263

人、孤魂野鬼的紙錢。數量龐大有百千萬億之多，用來超度諸鬼百千萬億之劫。這些燃燒中的紙錢正在飄向無名的遠方。

張正光像一面鏡子，迴照著我。而他一生也是由一片片、點點滴滴的迷惘所組成。也許人們會覺得，像這樣一個我們都不熟悉的小人物，有什麼好長篇大論地講述他？我回想起多年前一次在迷惘中開車聽廣播時，捕捉到駱以軍說過的一句話：「我們已經沒有故事了！」那似乎是在他剛出版《西夏旅館》，接受張大春訪問時透露出來的焦慮。《西夏旅館》是一部以半人半獸的「羌」族描述作者身為外省第二代的焦慮，也描述他「脫漢入胡」的父親，一整個時代故事凋零的焦慮，所構成的四十五萬字鉅著。從一些側面訊息得知，駱以軍在寫《西夏旅館》四年的過程中，曾經三次憂鬱症發作。

駱以軍總說他是拳擊手。在長途重量級的搏擊訓練裡面，以自我規訓面對無盡的寂寞，一點一滴用自己的意志力面對蹉跎、痛苦、憂鬱、挖掘、自剖……回頭看看自己，我恐怕再同意「我們已經沒有故事了！」也不過。故事的消失代表了我們不願意花很長的時間，細細地、慢慢考掘自己身邊的各種遭遇。有時候我想，假如創作可以是一件很慢的事情，那麼它所開出的果實會不會不一樣？這樣的果實會不會有一種感染的力，使這個社會集體「看不懂藝術在幹些什麼」的那種迷惘有一點點改變？雖然很可能最終不過產生出一篇漫長的廢話。

在潔癖式的教育中，我們很容易就感覺自己是「廢話過多的人」，從而不太想去碰觸關於自己的故事。我自己就有一個「抹除被故事的故事」，就是因為「履歷表」，大學時期我逐漸疏離了過去的哥們，專心一致地追求前衛藝術。這些哥們，在我貧窮無助、失戀苦惱時，都曾經幫助過我，可是藝術毀了我們之間的情誼。2004年出版自己的第一本作品文字集時，哥們很憤慨，除了抱怨我故意寫一些看不懂、用字艱澀的

話之外，居然隻字不提他們這些多年一起出生入死、經歷過那麼多無數風雨的哥們。

這就是「故事」在我身上，被我自己閹割掉的故事之一。

小說寫到這裡，我又昏昏地、淺淺地在工作室的沙發睡著了。我做了一個夢，夢見這些朋友，場景是台灣不知道在哪裡的一棟洋式建築（洋式建築的關連性，也許跟我寫作時人正在曼徹斯特駐村有關），好像是去參加一個類似聖誕節的趴踢，哥們全都在裡面的客廳慶祝。我走進玄關後，便不敢再往前走入客廳去見多年不見的哥們，因此一直卡在玄關。幸好，不算小的玄關可以容納幾個人，其中有一位S君因為脊椎受傷而坐在輪椅，他的太太正在餵他吃飯，現實世界中S君真的在2004年左右，一次泰國的曼谷旅遊中跌倒，脊椎嚴重挫傷導致終生癱瘓。S君過去與我交誼甚深，也是哥們。可是S君終生癱瘓的消息是我離開那群哥們之後才輾轉聽到的。他受傷後我居然一次也沒有去看過他，只有在這個夢中才能貼近地看著他，他的表情顯得痴呆且茫然，好像終生癱瘓外，頭腦也得了怪病，我就這樣看著他痴呆的臉，並一直卡在該死的玄關中。

有時候覺得，S君那怪物般全身癱瘓的身軀，一方面像希臘神諭一般的寓言；另一方面又像鬼魂般在噩夢中纏繞我，填補那些被我所刻意拋棄的回憶。其實不僅是哥們，我所成長的樹林、博愛市場、那隻迷惘的龜崙嶺、早逝的父親、罹患帕金森氏症的母親、市場賣襪子的妹妹、通緝在案躲藏中國多年，台大第一志願的哥哥……所有這些填滿我過去生活圈的人們，在當代藝術的世界裡面好像都變成不重要、被排斥似的。這真是令人驚奇的事情！假如我是一個科學家，我應該不會排斥自己成長的地方吧，可是我覺得當代藝術裡面對「情」的排斥卻是巧妙存在著。

有一次，在一本與文化研究有關的刊物裡，讀到陳界仁的一句話：「我並沒有參照當代藝術。」這句話讓我困惑了一段時間，我知道他的創作是真的沒有在鳥什麼當代藝術或西方歷史，可是總覺得這句話另外有它真正的意思。往後許多次遇到陳界仁，我都忘了問一下他「我並沒有參照當代藝術。」講那句話的意思是什麼？可是，記得有一次進行《廢墟影像晶體計畫》，傍晚全身髒兮兮的從三峽利豐煤礦開車回家時，因為想著當代藝術如何成為某種「潔癖」、「品味」的問題，同時也在想廢墟裡面所發生的這麼多人、事、物，現在到底怎麼了？那些人消失到哪去了？在過三峽橋等紅綠燈的時候，我又再度想起駱以軍的話，也才真正的把陳界仁的「我並沒有參照當代藝術。」和駱以軍的「我們已經沒有故事了。」兩句話接在一起了。

　　張正光一生的故事被烈火焚燒了，隨著獄卒的押送，整個地獄的場景開展在他的眼前，一如環河南路清晨的家禽屠宰市場，充滿生肉的味道，像《荷馬史詩》的「米諾斯迷宮」；又像某間瑰麗的飯店，充滿著各式各樣的小房室：

　　無明之室、油浸之室、六入之室、溺刑之室、羯磨之室、分屍之室、中陰之室、活剝之室、執藏之室、埋深之室。

# 最後的訪問

日期：2013 年 7 月 12 日
地點：宜蘭縣五結鄉季新村季水路三十六號
口述：張正光

　　我今年八十六歲了，自己一個人住在五結鄉這間租來的房屋，親人都沒有跟我聯繫了。我出生在彰化縣的田尾鄉，小時候讀書都第一名，後來有一個日本人說要送我去日本，他剛好要回九州的宮崎縣 (Miyazaki)，我說好啊，一個孩子能去日本讀書哪有不好，一般人要去都很困難了。後來，我就到大阪讀書，讀到一半，日本和美國作戰，日本沒兵了，我就被抓去當學徒兵。

　　說來好笑，日本沒有國中、高中之分，都讀六年，但是我讀兩年就畢業了，日本要趕大家去戰場死。在大阪我是讀建築，到後來都沒辦法讀了，卻領到畢業證書，那張畢業證書我還留著。

　　那時候，日本的飛機都不敢停在機場，美國會炸，飛機都躲在公園、學校的樹下。當兵時只有我跟隊長沒死，其他的人都死了。我是從九州起飛，一個製造飛機的城市，後來沒死，在沖繩關了一段時間。那些都是殺人的事情，還是不要講比較好，我想要講未來養蝦的計畫。

戰爭以後，因為會講日文，中文會一點，日本人就找我到香港。剛到香港機運很好，很像國王一樣。日本的三菱、三明等，六、七間公司都很信任我，六本存摺都放在我那裡。那時候，大陸要進來我們這邊的貨物，必須經過三角貿易，例如大陸捕獲的鰻苗，必須拿到香港，然後拿去日本，日本再進口到台灣。

有一次我的公司要配一百箱鰻苗。好死不死，其中有一箱「香港到日本」標籤忘了撕，就那一箱忘了撕就死了，有證據了，警總說你們這些人跟大陸來往，投靠共產黨。靠爸了，這些紀錄我都有寫下來，台灣這邊接應的人，一個姓吳的廟公，馬上被警備總司令部的人抓去，說他拿共產黨的貨來台灣賣，說殺就殺，一個月就槍殺掉了。

後來就輪到我了，台灣派地下工作人員去香港抓我。香港政府很公道，保護我，我就躲到香港政府的一個單位，後來警總就通緝我。

我的家都散了，每天警察問他們：妳丈夫有沒有回來，有沒有留電話，我就像被掃出去了一樣，不然怎麼辦？我就這樣被弄得一塌糊塗，有家像沒有家一樣，兩個女兒也死了，我感覺是警總對她們下毒，不然怎麼可能那麼巧，兩個人相隔不久就死掉。那時候很像沒政府一樣，說殺就殺。我從香港回到台灣更慘，不熟悉台灣車行的方向（按：香港為左駕），被車撞，左腳削掉一塊肉，右腳骨折，現在裡面還打鋼釘。

我到台灣以後，剛到季新村，不知道這個農田地方不能養蝦，需要等政府許可，那時候都挖新的蝦塭了，只做了一年，一年後只好收起來，損失三、四百萬。但是不願走，就是我的精神。後來我研發了連日本人都做不到的養蝦技術，一般我們蝦子撈出來就馬上給人吃，我的不是，我的蝦子一撈上來就放在大水箱，用水沖兩夜，讓蝦子的大便、髒東西沖出來，就可以賣到好價錢，我都賣給李登輝他們的教會。

養蝦像在養雞養鴨一樣，餵的時候我會跟牠們呼喊說「吃東西囉」，

鄰居都罵我說我是肖仔，這其實很簡單，只要把蚯蚓汁灑下去，牠們就會上來了。但是現在沒人養斑節蝦，日本、大陸、夏威夷、印尼跟泰國，都沒有了。因為過去養過頭了，像我們這邊，蝦塭挖了一人高那麼深，都不是用海水，都是用地下水養。海水比較沒有毒素，但是這邊挖的蝦塭，底部都是蟲、毒素，淡水養不起來，要抽海水，我們又沒那個技術。

附近有人在捕鰻，但我沒有。不過說到鰻苗，母鰻大概在十月到十二月會下到一千公尺以下的海底產卵（按：蘭陽溪口的鰻苗是誕生於赤道附近馬里亞納海溝數千公尺深處），鰻苗自己會從一千公尺的海底游上來，差不多一公分而已，居然能從深海裡找到有淡水的出海口。你想想，所以這很奇妙，說技術又不是技術。以前宜蘭捕鰻每年死三個人，跟屏東一樣，後來我有去公所反應，現在少一點了。

現在我自己一個人住，裡面房間會漏水，不能住了，我都睡客廳。我自己生活很省，政府一個月給我七千塊，房租要兩千塊。吃的東西，我都吃泡麵，一包十五塊，很便宜，配三合一咖啡。我的長壽祕訣是每天只吃兩餐泡麵，下午三點以後不吃東西。吃了可以消化就好了。我自己吃，還可以分給兩隻狗，那兩隻狗一直都不走，一公一母，一直要跟我，有什麼辦法？

我的斑節蝦、蒜頭蝦計畫，對教育有價值，政府應該聽我的，台灣的收入也會改善，學校、教育都會好，還有台灣的正名（按：不被國際承認為一個國家）也會改善。我的設計圖都畫好了，暫時不能給你看，但問題是沒有人敢用我，因為要成功，一次花很多錢。我一直想能不能一次讓宜蘭縣、台北縣的人成功，現在這些蝦塭都沒在養斑節蝦，很多都廢棄，這些養蝦人，一輩子可憐。

## 小說

### 台籍日本兵張正光與我

作者｜高俊宏

責任編輯｜龍傑娣

美術編輯｜林莫、陳怡如

校對｜林文珮、江秉憲、施亞蒨

封面繪圖｜高俊宏

出版・發行｜遠足文化事業股份有限公司

社長｜郭重興

發行人兼出版總監｜曾大福

電話｜02-22181417

傳真｜02-86671851

客服專線｜0800-221-029

E-Mail｜service@sinobooks.com.tw

官方網站｜http：//www.bookrep.com.tw/newsino/index.asp

法律顧問｜華洋國際專利商標事務所　蘇文生律師

印刷｜凱林彩印股份有限公司

初版｜2015 年 6 月

初版 3 刷｜2021 年 2 月

定價｜380 元

ISBN｜978-986-5787-88-2

讀者回函

國家圖書館出版品預行編目 (CIP) 資料

小說：臺籍日本兵張正光與我／高俊宏作 . -- 初版 .
-- 新北市 : 遠足文化 , 2015.06
　面 ；　公分 . -- ( 藝臺灣 ; 2)
ISBN 978-986-5787-88-2( 平裝 )

1. 台灣史　2. 藝術

　　　　733.21　　104004689